I0540005

SERMONES PROFÉTICOS

SERMONES PROFÉTICOS

Pastor Félix Bermejo P.

ARPress
ILLUMINATING IDEAS
EMPOWERING VOICES

Copyright © 2025 por Dr. Felix Bermejo

Todos los derechos reservados. Ninguna parte de esta publicación puede ser reproducida, distribuida o transmitida de ninguna forma ni por ningún medio, incluyendo fotocopia, grabación u otros métodos electrónicos o mecánicos, sin el permiso previo por escrito del propietario del copyright y del editor, excepto en el caso de breves citas incluidas en críticas y otros usos no comerciales permitidos por la ley de copyright. Para pedir permiso, escriba al editor, a la dirección «Attention: Permissions Coordinator», a la dirección indicada más abajo.

ARPress
45 Dan Road Suite 15
Canton MA 02021
  Línea directa: 1(888) 821-0229
  Fax: 1(508) 545-7580

Información sobre pedidos:
Ventas por cantidad. Las empresas, asociaciones y otras entidades pueden beneficiarse de descuentos especiales en la compra de cantidades. Para más detalles, póngase en contacto con el editor en la dirección arriba indicada.

Impreso en los Estados Unidos de América.

| ISBN-13: | Tapa blanda | 979-8-89676-383-3 |
| | Libro electrónico | 979-8-89676-384-0 |

Número de control de la Biblioteca del Congreso: 2025918043

CONTENIDO

ACERCA DEL AUTOR. 9

EL ARREBATAMIENTO 11
   INTRODUCCIÓN. 11
   EL SERMÓN DEL APOSENTO ALTO 11
   LOS CRISTIANOS DE TESALÓNICA. 12
   LOS CRISTIANOS DE CORINTO 14
   ENOC 16
   ELIAS 17

LA BATALLA DE GOG Y MAGOG 18
   INTRODUCCIÓN. 18
   QUIÉNES SON GOG Y MAGOG. 18
   CUÁNDO SERÁ ESTA BATALLA 19
   QUIÉN DESTRUY A GOG Y MAGOG 21
   A LAS AVES Y A LAS FIERAS TE HE
   DADO POR COMIDA 23
   RESTAURACION FINAL DE ISRAEL 25
   CONCLUSIÓN 26

EL VALLE DE LOS HUESOS SECOS 27
   INTRODUCCIÓN. 27
   EL ATALAYA DE ISRAEL 28
   EN MEDIO DE LA INCERTIDUMBRE
   Y EL DESÁNIMO 29

PROMESAS ETERNAS 30
MI SIERVO DAVID SERÁ REY SOBRE ELLOS. . 31
SERÁN MI PUEBLO. 33
CONCLUSIÓN 34
LA MULTITUD VESTIDA DE ROPAS BLANCAS 36
INTRODUCCIÓN. 36
LOS MÁRTIRES DE LA TRIBULACIÓN 37
ESTA GRAN MULTITUD NO
TIENE CORONAS 38
UNA MULTITUD QUE NADIE
PODÍA CONTAR 39
ALABANZA UNIVERSAL 40
EL CORDERO LOS PASTOREARÁ. 41
LA BATALLA DE ARMAGEDÓN. 43
INTRODUCCIÓN. 43
DÓNDE ESTA ARMAGEDÓN. 44
QUIÉNES PARTICIPAN EN ESTA BATALLA . . 45
UNA BATALLA COMPLETAMENTE
DESTRUCTIVA. 47
ENTONCES, VENDRÁ EL FIN 48
JEHOVÁ MISMO VIENE A
TERMINAR CON ESTA BATALLA 49
LAS BODAS DEL CORDERO 52
1. LAS BODAS DEL CORDERO. 52
2. LAS BODAS PAGANAS Y LAS
CELEBRACIONES LUJOSAS 53
1) EL REY BELSASAR 53
2) ASUERO. 53
3) LOS INVITADOS 54

4) LAS BODAS EN EL ANTIGUO
TESTAMENTO 55
5) JESÚS PAGÓ LA DOTE POR SU IGLESIA
CON SU VIDA. 57
CONCLUSIÓN 58
UN SUEÑO DE LAS BODAS DEL CORDERO . . 59

EL MILENIO **61**
INTRODUCCIÓN. 61
CRISTO REINARÁ DESDE EL MONTE
DE SIÓN. 62
HABRÁ PAZ UNIVERSAL. 63
QUIÉNES VIVIRÁN EN LA TIERRA DURANTE
EL REINO MILENIAL 64
SERÁ UN TIEMPO QUE HABRÁ
CONOCIMIENTO DE DIOS
UNIVERSALMENTE 67
LA NUEVA JERUSALÉN 68
2. LOS MATERIALES DE LOS QUE ESTÁ
CONSTRUIDA 70
3. SU MURO. 71
4. LAS MEDIDAS DE LA CIUDAD 72
CONCLUSIÓN 74

EL JUICIO DEL TRONO BLANCO **76**
INTRODUCCIÓN. 76
LA ÚLTIMA REBELIÓN 77
LOS MUERTOS GRANDES Y PEQUEÑOS 79
LA MUERTE Y EL HADES
ENTREGARON A LOS MUERTOS 80
LA MUERTE SEGUNDA. 81
EL LAGO DE FUEGO 82
CONCLUSIÓN 84

ACERCA DEL AUTOR

El Pastor Félix Bermejo tiene 30 años de trabajo pastoral y es maestro del Colegio Bíblico de la Asamblea Apostólica en el distrito de Arizona. Ha sido Anciano del Sector 4 por tres periodos.

Es graduado del Colegio Bíblico Apostólico de San José, California. Obtuvo su bachillerato, una maestría y un doctorado con Logos Christian College, de Jacksonville, Florida.

Estudió en el Colegio Bíblico de San Juan Puerto Rico y obtuvo una maestría y un doctorado con el Seminario Teológico McCormick.

Este libro estudia e informa para poner en orden los temas proféticos que se anunciaron hace muchos años y que ahora se están cumpliendo en nuestros días.

EL ARREBATAMIENTO

INTRODUCCIÓN

El arrebatamiento, también conocido entre los cristianos evangélicos como el rapto, es un evento que pasara solo una vez, y es la Esperanza de nosotros los cristianos. La palabra rapto en este contexto quiere decir algo que acontece rápidamente, en un momento, en un abrir y cerrar de ojos.

El rapto ocurre cuando la iglesia, que nació en el día de pentecostés, se completa con el último cristiano que acepta el regalo de la salvación. Entonces es arrebatada al Cielo para estar para siempre con el Señor Jesucristo, puede acontecer que, al sonar la trompeta, y suceda el arrebatamiento y algunos que estaban a punto de ser bautizados no alcanzan a ser bautizados, y se queden puesto que se había cumplido el tiempo y, tal vez, el número de la iglesia.

EL SERMÓN DEL APOSENTO ALTO

El Señor Jesucristo en el Sermón del Aposento Alto, que es el sermón en el cual, aunque sus discípulos no lo entienden, él se está despidiendo de ellos. Porque el próximo día va a morir y ya no lo van a ver. Jesús hace esta promesa en Juan 14:2-3 y les dice:

"En la casa de mi padre muchas moradas hay; si así no fuera, yo os lo hubiera dicho; voy pues, a preparar lugar para vosotros. Y si me fuere y os prepararé lugar, vendré otra vez, y os tomaré a mí mismo, para que donde yo estoy, vosotros también estéis".[1]

Jesucristo mismo les hace esta promesa a sus discípulos antes de morir, pero los apóstoles, con su mente humana y limitada, creían que Jesucristo regresaría, antes de que ellos murieran. Pero pasó el tiempo y muchos de los cristianos y familiares de los apóstoles empezaron a morir. No alcanzaban a comprender que el plan de Jesucristo era que este evangelio llegara a todo el mundo. Que este evangelio alcanzara a todas, las naciones y a todos los pueblos y lenguas, y culturas.

LOS CRISTIANOS DE TESALÓNICA

Por consiguiente, los cristianos que habían perdido algún familiar, que se había convertido, pero había al ha muerto. No sabían exactamente qué iba a pasar con él, ber muerto antes de este evento y tenían algunas dudas. Por consiguiente, viene el Apóstol Pablopara explicarles, acerca de este gran acontecimiento, y en 1 Tesalonicenses 4:13-14 dice:

"Tampoco queremos hermanos, que ignoréis acerca de los que duermen, para que no os entristezcáis como los otros que no tienen esperanza. Porque si creemos que Jesús murió y resucitó, así también traerá Dios con Jesús a los que durmieron en él".[2]

Pablo usa la palabra dormir para los que murieron,

---

1   La Biblia Reina Valera. 1960.
2   La Biblia Reina Valera. 1960.

su cuerpo duerme, pero su alma está presente con el Señor. Pero en el arrebatamiento se vuelven a unir cuerpo y alma para tener un cuerpo glorificado que nunca más ha de morir. Hay dos tipos de personas que mueren todos los días, muchos mueren sin ninguna esperanza. Pero hay un grupo que muere en Cristo y que tiene la esperanza de resucitar y vivir con su creador. Pablo les viene a explicar acerca de este acontecimiento para que tengan seguridad, porque si vivimos o morimos somos de él y en 1 Tesalonicenses 15:15-16 les dice:

"Por lo cual, os decimos esto en palabra del Señor, que nosotros que vivimos, que habremos quedado hasta la venida del Señor, no precederemos a los que durmieron. Porque el Señor mismo con voz de mando, con voz de arcángel, y con trompeta de Dios, descenderá del cielo; y los muertos en Cristo resucitaran primero".[3]

Pablo les dice esto en palabra del Señor. No es palabra de Pablo es una promesa de Dios. Les explica que nosotros que vivimos, que hayamos quedado hasta la venida del Señor no precederemos, o no nos adelantaremos a los que durmieron. Los que murieron serán resucitados primero y en seguida nosotros nos uniremos a ellos en las nubes para ser llevados por el Señor al cielo. El Señor desciende del cielo, con poder a levantar a su iglesia y los muertos en Cristo van a resucitar primero, y luego Pablo en 1 Tesalonicenses 4:17-18 sigue diciendo:

"Luego nosotros los que vivimos, los que hayamos quedado, seremos arrebatados con ellos en las nubes para recibir al Señor en el aire, y así estaremos siempre con el Señor. Por tanto, alentaos los unos a los otros con estas palabras".[4]

---

3   Ibid.
4   La Biblia Reina Valera. 1960.

Al resucitar los muertos en Cristo para unirse con el Señor, los que hayamos quedado vivos, hasta ese momento seremos arrebatados sin morir. Quiere decir que hay un gran grupo de creyentes que no va a morir. Sino que van a ser transformados, y arrebatados para unirse con el Señor en las nubes para vivir y reinar para siempre con él. Pablo les dice a los cristianos que les lleva este mensaje que se animen los unos a los otros, porque hay una esperanza, tenemos esta gran esperanza que es la promesa de Dios. Y este mismo mensaje es para los cristianos de hoy en día que también tienen las mismas inquietudes las mismas pruebas y luchas.

LOS CRISTIANOS DE CORINTO

Los cristianos de la ciudad de Corinto también tenían las mismas inquietudes que tenemos. Estas inquietudes sólo se acaban cuando las podemos entender por medio de la palabra de Dios y Pablo en 1 Corintios 15:51 les dice:

"He aquí que os digo un misterio, no todos dormiremos; pero todos seremos transformados".[5]

Pablo les dice: he aquí que os digo un misterio. Un misterio es algo que no entendemos bien acerca de algo que Dios tiene para nosotros. Pero cuando lo entendemos por medio de la enseñanza deja de ser un misterio, y podemos entenderlo y aun enseñar a otros. Y el misterio es que no todos moriremos, pero todos seremos trasformados. 1 Corintios 15:52 dice:

"En un momento, en un abrir y cerrar de ojos, a la final trompeta; porque se tocará la trompeta, y los muertos serán resucitados incorruptibles, y nosotros

---

5   La Biblia Reina Valera. 1960.

seremos trasformados".[6]

Este evento será tan rápido, que no habrá tiempo de preparar nada. Todo lo que estemos haciendo quedará inconcluso, y en todo el mundo, se oirá la noticia de que muchos de los cristianos han desaparecido. Puede ser que el gobierno de la bestia trate de explicar la desaparición de estos cristianos, diciendo que se los llevaron seres extraterrestres, y tratarán de engañar, y convencer a la humanidad, de que no fue el arrebatamiento.

En un abrir y cerrar de ojos, miles o quizás millones de cristianos van a desaparecer de este mundo para encontrarse con su Salvador en las nubes. Al desaparecer estos cristianos, los miles de demonios que tiene dominados la Iglesia quedarán libres y no habrá nadie que los pueda detener. El mundo queda en poder de los poderes satánicos y da comienzo la tribulación. Pero los cristianos, al ser arrebatados van al cielo a disfrutar de las promesas y bendiciones que Dios tiene para nosotros, 1 Corintios 15:53 dice:

"Porque es necesario que esto corruptible se vista de incorrupción, y esto mortal se vista de inmortalidad".[7]

Ésta será la victoria final de los cristianos, que, al ser, transformados por el poder de Dios, esta naturaleza caída con la cual luchamos será transformada. También, recibiremos un cuerpo inmortal que nunca más podrá ser vencido por la muerte 1 Corintios 15:54 dice:

"Y cuando esto corruptible se haya vestido de incorrupción, y esto mortal se haya vestido de inmortalidad, entonces se cumplirá la palabra que está escrita: sorbida es la muerte en victoria".8

Esta será la victoria de los cristianos contra la

---

6   Ibid.
7   La Biblia Reina Valera. 1960.
8   Ibid.

muerte que ha vencido a cada ser humano y que, tarde o temprano, se ha llevado a nuestros seres queridos. Al ser resucitados o transformados recibiremos un cuerpo que, nunca más va a morir y que podrá vivir en todos los mundos creados por Dios. 1 Corintios. 15:55 dice:

"¿Dónde está, oh muerte, tu aguijón. Dónde, oh sepulcro, tu victoria?".[9]

Ésta será una celebración de victoria de los que, al resucitar, reciben un cuerpo inmortal y que saben que la muerte, ya no tiene poder sobre ellos. La muerte venció, a todos los grandes hombres de Dios y también a cada ser humano. Pero los cristianos que son los primeros en resucitar podrán exclamar este grito de victoria.

ENOC

Enoc experimentó una transformación similar, al ser transpuesto sin ver muerte. Este hombre se encuentra en la galería de los grandes hombres de fe. Hebreos 11:5 dice:

"Por la fe Enoc fue transpuesto para no ver muerte, y no fue hallado, porque lo transpuso Dios; y antes que fuese transpuesto, tuvo testimonio de haber agradado a Dios".[10]

Enoc se encuentra entre los grandes hombres de Dios que vivió tan cerca de Dios que fue transpuesto sin ver muerte. Génesis 5:24 dice:

"Camino, pues, Enoc con Dios y desapareció, porque Dios le llevó".[11]

Enoc vivió antes del diluvio, y muchos le habían dado la espalda a Dios, pero Enoc había agradado a

---

9   La Biblia Reina Valera. 1960.
10   Ibid.
11   Ibid.

Dios, así que Dios se lo llevó sin ver muerte.

ELIAS

Elías fue un profeta que Dios levantó en un tiempo de apostasía, para enfrentarse a los profetas falsos y a la idolatría, y para proclamar al Dios de Israel. Elías también agradó a Dios en su caminar, y tuvo el valor de desafiar y vencer a los profetas de Baal y de Asera. También Elías fue arrebatado en un torbellino, y transportado al cielo sin morir. Elías fue arrebatado y Eliseo fue testigo. 2 de Reyes 2:11 dice: "Y aconteció que yendo ellos y hablando, he aquí que un carro de fuego con caballos de fuego apartó a los dos; y Elías subió al cielo en un torbellino".[12]

Esta debe de haber sido una experiencia muy hermosa tanto para Elías como para Eliseo. Al ser arrebatado Elías, no fue encontrado fue Dios quien se lo había llevado, sin morir.

Enoc vivió antes del diluvio en un tiempo que, mientras muchos le daban la espalda a Dios, Enoc caminó con Dios. De la misma manera Elías, enmedio de una gran apostasía caminó con Dios y lo proclamó en medio de la oposición. De la misma manera, miles de cristianos que viven enmedio de una generación que niega y se burla de Dios, han de ser arrebatados para vivir con Cristo por la eternidad.

---

12   La Biblia Reina Valera. 1960.

LA BATALLA DE GOG Y MAGOG

INTRODUCCIÓN

Ezequiel 38-39

Gog y Magog atacan a Israel, vienen en compañía de otras naciones con el propósito de conquistar y destruir a Israel. Pero en esta batalla, Gog y Magog, junto con las otras naciones que vienen con ellos, son destruidas completamente en los montes de Israel. Jehová destruirá a los enemigos de Israel con un temblor y con granizo y pestilencia y gran ira. Ezequiel 38:19 dice:

"Porque he hablado en mi celo, y en el fuego de mi ira: Que en aquel tiempo habrá gran temblor sobre la tierra de Israel".[13]

QUIÉNES SON GOG Y MAGOG

Se cree que Gog y Magog es Rusia, porque en las costas del norte se establecieron los hijos de Jafet, que poblaron las costas. Génesis 10:2,5 dice:

"Los hijos de Jafet: Gomer, Magog Madai, Javan Tubal, Mesec y Tiras. De éstos se poblaron las costas,

---

13   La Biblia Reina Valera. 1960.

cada cual según su lengua".[14]

También, de acuerdo con la descripción geográfica, es el país que está en los confines del norte de Israel. Ezequiel 38:6 dice:

"Gomer, y todas sus tropas; la casa de Togarma, de los confines del norte, y todas sus tropas; muchos pueblos contigo".[15]

También vienen con ellos otras naciones, Gomer y Togarma, que son también de los descendientes de Jafet. Algunos comentaristas identifican a Togarma con Turquía, y a Gomer con Francia. Es una coalición increíblemente grande para venir en contra de un país tan pequeño como Israel. Ezequiel 38:5 dice:

"Persia, Cus, y Fut con ellos; todos ellos con escudo y yelmo".[16]

Es una coalición increíble dirigida por Rusia, pero vienen con ella completamente armados, Turquía, Francia, Irán, Libia y Etiopia. Todas estas potencias en contra de un país tan pequeño que cabría en el estado de New Jersey.

CUÁNDO SERÁ ESTA BATALLA

Parece que esta batalla comienza al principio de la tribulación, probablemente inmediatamente después del arrebatamiento. Jehová mismo dice que es al final de los tiempos. Ezequiel 38:8 dice:

"De aquí a muchos días serás visitado; al cabo de los años vendrás a la tierra salvada de la espada, recogida de muchos pueblos, a los montes de Israel, que siempre fueron una desolación; más que fue sacada

---

14   La Biblia Reina Valera. 1960.
15   Ibid.
16   Ibid.

de las naciones, y todos moran confiadamente".[17]

Las invasiones de última hora y el panorama mundial nos indica que hay algunas naciones que se preparan para invadir y apoderarse del más débil. La iglesia está deteniendo los acontecimientos mundiales que vienen. Pero una vez arrebatada la iglesia, no habrá quien detenga las guerras, y vendrán los conflictos a mayor escala.

Rusia es una nación que no tiene misericordia y no tiene temor de Dios. Es una nación que ha perseguido el cristianismo y ha perseguido al pueblo judío. Es una nación atea que niega la existencia de Dios y persigue a los creyentes. También es un país que ha blasfemado de Dios, y Dios tiene un castigo reservado para ella. Ezequiel 38:17 dice:

"Así ha dicho Jehová, el Señor: No eres tú aquel de quien hablé yo en tiempos pasados por mis siervos los profetas de Israel, los cuales profetizaron en aquellos tiempos que yo te había de traer sobre ellos".[18]

Es un día de venganza contra una nación que ha atacado a los cristianos y a blasfemado contra Dios. Una nación que ha derramado tanta sangre, y a prohibido el cristianismo. Una nación que se atreve a invadir y atacar a naciones más débiles, y en esta ocasión cree que será fácil saquear las propiedades del pueblo judío. Ezequiel 38:11 dice:

"Y dirás: subiré contra una tierra indefensa, iré contra gentes tranquilas que habitan confiadamente; todas ellas habitan sin muro, y no tienen cerrojos, ni puertas".[19]

Esta coalición de naciones viene completamente

17   La Biblia Reina Valera. 1960.
18   Ibid.
19   La Biblia Reina Valera. 1960.

confiada, y dispuesta a robar y a saquear. Es interesante notar que muchas de estas naciones están formando una alianza y se están uniendo con el propósito de apoderarse de los más débiles. Pero sobre todo, son enemigos de Israel. Por lo tanto, su plan es destruirlo completamente. Pero Jehová defenderá a Israel una vez más y todas estas naciones y sus ejércitos caerán en los montes de Israel y serán despojados. Israel podrá usar sus armas como combustible y no tendrá necesidad de leña. Ezequiel 39:9-10 dice:

"Y los moradores de las ciudades de Israel saldrán, y encenderán y quemarán armas, escudos, pavesas, arcos y saetas, dardos de mano y lanzas; y los quemarán en el fuego por siete años. No traerán leña del campo, ni cortarán de los bosques, sino que quemarán las armas en el fuego; y despojarán a sus despojadores, y robarán a los que les robaron, dice Jehová el Señor".[20]

Aquí dice que usarán las armas como leña y como combustible por siete años, eso es todo el tiempo de la tribulación. Israel tendrá suficiente combustible usando las armas del ejercito que venía en contra de él.

QUIÉN DESTRUY A GOG Y MAGOG

Jehová mismo hará esto, una vez más Jehová se ha de manifestar y destruirá a los enemigos de Israel como lo hizo muchas veces en el pasado. Estas naciones han provocado a Dios. En los escritos de Karl Max, y en otros libros como el Comunismo al Desnudo, se encuentran muchas blasfemias en contra de Jehová. Han blasfemado, han insultado a Dios, y viene el tiempo de la ira de Dios. Dios mismo va a mandar un temblor que hará confundir a sus enemigos y ellos mismos se

---

20   Ibid.

matarán los unos a los otros. Ezequiel 38:19 dice:
"Porque he hablado en mi celo, y en el fuego de mi ira: Que en aquel tiempo habrá gran temblor sobre la tierra de Israel".[21]

Los hombres y las bestias temblarán; y se desmoronarán los montes, y los vallados caerán, y toda la furia de nuestro Creador caerá sobre los que se creen los amos del mundo, contra los que desprecian y blasfeman contra nuestro Dios. Vendrá contra ellos impetuosa lluvia y piedras de granizo. Ezequiel 38:22 dice:

"Y yo litigaré contra él con pestilencia y con sangre; y haré llover sobre él, y sobre sus tropas y sobre los muchos pueblos que están con él, impetuosa lluvia, y piedras de granizo, fuego y azufre".[22]

Qué terrible cuando Dios descarga su furia contra estas naciones que vienen en contra de Israel, sin ninguna misericordia y con las peores intenciones. Jehová traerá confusión sobre los pueblos que vienen con Gog y Magog y ellos mismos se matarán los unos a los otros. Ezequiel 38:21 dice:

"Y en todos mis montes llamaré contra él la espada, dice Jehová, el Señor; la espada de cada cual será contra su hermano".[23]

Jehová peleará por Israel como ha peleado por él en el pasado y lo ha librado. En el tiempo del rey Josafat vinieron contra Israel una gran multitud de los hijos de Amón, y de Moab, y los del monte de Seir. Venía una gran multitud en contra de Israel, pero Josafat clamó a Jehová y Él los libró sin que tuvieran que pelear. 2 Crónicas 20:12 dice:

---

21   La Biblia Reina Valera. 1960.
22   La Biblia Reina Valera. 1960.
23   Ibid.

"Oh, Dios nuestro no nos juzgarás Tú porque en nosotros no hay fuerza contra tan grande multitud que viene contra nosotros; no sabemos qué hacer, y a ti volvemos nuestros ojos".[24]

Ésta es una de las muchas ocasiones que Jehová libró a Israel sin que Israel tuviera que pelear. En esta ocasión la guerra fue contra tres naciones. Cuando Josafat clamó a Jehová y a entonar cantos de Alabanza Jehová mismo puso emboscadas en las cuales se mataron ellos mismos. 2 Crónicas 20:22 dice:

"Y cuando comenzaron a entonar cantos de alabanza, Jehová puso contra los hijos de Amón, de Moab, y del monte de Seir, las emboscadas de ellos mismos que venían contra Judá, y se mataron los unos a los otros".[25]

Pero en la batalla de Gog y Magog, la furia de Jehová se va a volver en contra de todas las naciones que vienen en contra de Israel en el final de los tiempos y los desbaratará y quebrantará completamente.

A LAS AVES Y A LAS FIERAS TE HE DADO POR COMIDA

Es una verdadera injusticia lo que esta coalición de naciones quiere hacer contra Israel. Matar saquear, violar a las mujeres y burlarse de los débiles y abusar de su poder. Pero no saben que es el tiempo de pagar por todas las injusticias que han hecho y de pagar por todas sus blasfemias. Jehová mismo tiene preparado este día para hacer pagar a estas naciones impías, sus injusticias y su impiedad. Ezequiel 39:4 refiriéndose a esta alianza de naciones dice:

---

24   Ibid.
25   La Biblia Reina Valera. 1960.

"Sobre los montes de Israel caerás tú y todas tus tropas, y los pueblos que fueron contigo; a aves de rapiña de toda especie, y a las fieras del campo, te he dado por comida".[26]

Está hablando Jehová y está profetizando y diciendo, cuál será el fin y cuál será el resultado de esta invasión. El final será que cuerpos de soldados y generales y de hombres de gran poder, y de varias naciones caerán en los montes de Israel. Serán destruidos por la furia de Jehová que sale a defender al débil y sale a defender a su pueblo.

Dios sabe de sus blasfemias tanto de Rusia como de Irán y los demás pueblos que vienen en contra de Israel. Pero Dios tiene un día en que les hará pagar sus crímenes y sus blasfemias. Muchos de sus gobernantes han perseguido al pueblo judío y a los cristianos y Dios tiene un día preparado para hacer justicia. En Ezequiel 39:1-2 dice:

"Tú pues, hijo de hombre, profetiza contra Gog, y di:

"Así ha dicho Jehová el Señor: He aquí yo estoy contra ti, oh, Gog, príncipe soberano de Mesec y Tubal. Y te quebrantaré, y te conduciré y te haré subir de las partes del norte y te traeré sobre los montes de Israel".[27]

Dios tiene preparado este día en el cual, le ha de cobrar a estas naciones sus crímenes. Los gobernantes rusos han asesinado a millones de personas y han oprimido al débil, han perseguido al cristianismo, y han blasfemado contra Dios. Pero en este día caerán todas las tropas rusas y las de sus acompañantes, para ser comida de aves de rapina. Ahí quedará todo su orgullo.

---

26   Ibid.
27   La Biblia Reina Valera. 1960.

RESTAURACION FINAL DE ISRAEL

Después de esta demostración de la protección divina viene la restauración final de Israel. Israel fue llevado cautivo a todas las naciones y fue esparcido por todo el mundo, y perseguido y oprimido. Pero viene la hora de su restauración final. Israel estuvo por casi dos mil años sin patria y estuvo por todo el mundo. Pero ha vuelto a su patria. Y cuando es atacado por Gog y Magog, será defendido por su Dios. Ezequiel 39:29: dice:

"Ni esconderé más de ellos mi rostro; porque habré derramado mi Espíritu sobre la casa de Israel".[28]

En este tiempo Jehová defiende a Israel y nunca más esconderá su rostro, vendrá el reino milenial, y Jehová les cumplirá todas sus promesas.

También se le quitará el velo, y reconocerá que al Mesías no puede venir porque ya vino y ellos no lo reconocieron. Porque fueron cegados. Para que la salvación pudiera también venir a los gentiles. Romanos 11:25 dice:

"Porque no quiero, hermanos, que ignoréis este misterio, para que no seáis arrogantes en cuanto a vosotros mismos: Que ha acontecido a Israel endurecimiento en parte, hasta que haya entrado la plenitud de los gentiles".[29]

Israel fue cegado y no reconoció al Mesías y aún lo sigue esperando. Pero aquí dice el Señor. Habré derramado mi espíritu sobre la casa de Israel, y se les quitara el velo. Durante la tribulación, cuando esté la Guerra en su apogeo Dios le quita el velo a Israel, y entenderán que Jesús era el Mesías y que sus padres no lo reconocieron. Zacarías menciona este acontecimiento

---

28   La Biblia Reina Valera. 1960.
29   Ibid.

cuando a Israel, un poco antes de la segunda venida de Cristo, le es quitado el velo y en Zacarías 12:10 dice:

"Y derramaré sobre la casa de David, y sobre los moradores de Jerusalén, espíritu de gracia y de oración; y me miraran a mí, a quien traspasaron, y llorarán como se llora por hijo unigénito, afligiéndose por él cómo quien se aflige por el primogénito".[30]

Mirarán al que traspasaron, y se afligirán y clamarán perdón, lo cual hace que suceda que Jehová venga con su iglesia para salvarlos. Derribando así todo gobierno gentil, y estableciendo el gobierno sempiterno de Jesús.

CONCLUSIÓN

Esta batalla de Gog y Magog es el principio de las demás guerras que vendrán durante la Gran Tribulación. Pero esto también desatará los acontecimientos finales que aceleran el regreso de Jesucristo.

---

30   La Biblia Reina Valera. 1960.

EL VALLE DE LOS HUESOS SECOS

INTRODUCCIÓN

Ezequiel 37:1-28

La mano de Jehová vino sobre mí, y me llevó en el espíritu de Jehová, y me puso en medio de un valle que estaba lleno de huesos. Y me hizo pasar cerca de ellos por todo en derredor, y he aquí que eran muchísimos sobre la faz del campo. Y por cierto secos de gran manera. Ezequiel 37:1-2.

El Valle de los Huesos Secos es una visión que Dios le muestra al profeta Ezequiel acerca de la restauración final del pueblo de Israel. Ezequiel 37:11 dice:

"Me dijo luego: Hijo de hombre, todos estos huesos son la casa de Israel. He aquí que ellos dicen: Nuestros huesos se secaron, y pereció nuestra esperanza, y somos del todo destruidos".[31]

El Señor le muestra al profeta Ezequiel, una visión en la que le revela que Israel ha de sobrevivir, y ha de ser preservado y restaurado por, la poderosa mano de Dios. Israel ha sido atacado, y ha sido destruido, su pueblo, fue esparcido y vivió sin patria por casi dos mil años.

---

31   La Biblia Reina Valera. 1960.

Fue perseguido, fue expulsado de muchas naciones, y hubo hombres que quisieron exterminarlo. Pero Dios no solo lo ha guardado, sino que, ha prometido, guardarlo, y preservarlo por toda la eternidad.

EL ATALAYA DE ISRAEL

El profeta se encuentra en la cautividad, y en medio del desánimo, la ciudad de Jerusalén había sido destruida. Él y el pueblo de Israel habían sido llevados cautivos. Ezequiel se encuentra en una etapa de desánimo, junto con su pueblo en la cautividad. El profeta Jeremías, en Lamentaciones 1:1 dice:

"Como ha quedado sola la ciudad populosa. La grande entre las naciones se ha vuelto como viuda. La señora de provincias ha sido hecha tributaria".[32]

En medio de este desánimo, Dios le manda al profeta Ezequiel predicarle al pueblo de Israel. Pero de antemano le dice que no lo van a escuchar, porque son una casa rebelde. Ezequiel 2:3 dice:

"Y me dijo: Hijo de hombre, yo te envío a los hijos de Israel, a gentes rebeldes que se rebelaron contra mí; ellos y sus padres se han revelado contra mí hasta este mismo día. Yo, pues, te envío a hijos de duro rostro y de empedernido corazón; y les dirás: así ha dicho Jehová, el Señor".[33]

Dios había permitido la destrucción de Jeruzalén, y del pueblo de Israel había sido llevado en cautividad, como castigo de Dios por su rebeldía. Y Dios, en su misericordia, comisiona al profeta que les predique, pero le dice al profeta que no lo van a escuchar porque son rebeldes. Si te mandare a otro pueblo te escucharía,

---

32   La Biblia Reina Valera. 1960.
33   La Biblia Reina Valera. 1960.

pero Israel no te va a escuchar. Ezequiel 3:7 dice:

"Mas la casa de Israel no te querrá oír, porque no me quiere oír a mí; porque toda la casa de Israel es dura de frente y obstinada de corazón".[34]

El profeta es mandado a predicarle a un pueblo que no lo va a oír, pero aun así tiene que ir a predicar. Ezequiel 3:11 dice:

"Y ve y entra a los cautivos, a los hijos de tu pueblo, y háblales y diles: así ha dicho Jehová, el Señor; escuchen, o dejen de escuchar".[35]

EN MEDIO DE LA INCERTIDUMBRE Y EL DESÁNIMO

Dios lo hace responsable de las almas del pueblo de Israel y él tiene que predicar quiera o no quiera le dice en Ezequiel 3:18-19 que dice:

"Cuando yo dijere al impío: De cierto morirás; y tú no le amonestares, ni le hablares, para que el impío sea apercibido de su mal camino, a fin de que viva, el impío morirá por su maldad, pero su sangre demandaré de tu mano. Pero si tú amonestares al impío, y él no se convirtiera de su impiedad y de su mal camino, él morirá por su maldad, pero tú habrás librado tu alma".[36]

El profeta es comisionado para predicarle al pueblo de Israel, en un tiempo que hay desánimo y rebeldía, un tiempo en el cual Israel creía que Dios los había abandonado completamente. El profeta en medio de el desánimo y comisionado a predicarle a un pueblo que no quiere oír, y que le habían anticipado que no iba a escuchar. Él mismo se pregunta para qué les tengo que

---

34 Ibid.
35 Ibid.
36 La Biblia Reina Valera. 1960.

predicar cuando ya se me dijo que no iban a escuchar. Y de pronto, en medio de esta incertidumbre el profeta es llevado al Valle de los Huesos Secos. Es llevado en visión para que él vea el plan que Dios tiene para su pueblo en el futuro. Ezequiel 37:11-12 dice:

"Me dijo luego: Hijo de hombre, todos estos huesos son la casa de Israel. He aquí que ellos dicen: Nuestros huesos se secaron, y pereció nuestra esperanza, y somos del todo destruidos. Por tanto, profetiza, y diles: así ha dicho Jehová, el Señor: He aquí que yo abro vuestros sepulcros, pueblo mío, y os haré subir de vuestras sepulturas, y os traeré a la tierra de Israel".[37]

Israel había sido despojado y llevado en cautividad por su desobediencia, pero Dios le enseña al profeta que Israel es el pueblo de Dios y Dios lo ha de preservar eternamente.

PROMESAS ETERNAS

Dios le muestra al profeta su favor hacia su pueblo y los planes que él tiene hacia él. Se necesita tener fe y creer lo que Dios le dice, porque sus grandes promesas son difíciles de creerlas en medio de la prueba y en un momento como éste. Pero en Ezequiel 37:26 dice:

"Y haré con ellos pacto de paz, pacto perpetuo será con ellos; y los estableceré y los multiplicaré, y pondré mi santuario entre ellos para siempre".[38]

Esta promesa viene de parte de Jehová y se debe tomar literal y creerla, Él dice que hará con ellos pacto perpetuo, y pondrá su santuario entre ellos para siempre. Esta promesa es de acuerdo con la elección y favor que Dios tiene acerca de Israel. Pues en Ezequiel

---

37 Ibid.
38 La Biblia Reina Valera. 1960.

37:24-25 dice:

"Mi siervo David será rey sobre ellos, y todos ellos tendrán un solo pastor; y andarán en mis preceptos, y guardarán mis estatutos, y los pondrán por obra. Habitarán en la tierra que di a mi siervo Jacob, en la cual habitaron vuestros padres; en ella habitarán ellos, sus hijos y los hijos de sus hijos para siempre; y mi siervo David será príncipe de ellos para siempre".[39]

Estas promesas entran hasta la eternidad y es de acuerdo con la elección de los padres, pues es la tierra que se le dio a Jacob, que es el padre de las doce tribus de Israel. Y andarán en mis preceptos, habla de un tiempo en el cual Israel obedecer los mandamientos de Dios y servirá a Jehová con todo su corazón; un tiempo que Israel amará a su Dios con toda su alma. Ezequiel 36:26 dice:

"Os daré un corazón nuevo, y pondré espíritu nuevo dentro de vosotros; y quitaré de vuestra carne el corazón de piedra y os daré un corazón de carne. Y pondré dentro de vosotros mi espíritu, y haré que andéis en mis estatutos, y guardéis mis preceptos, y los pongáis por obra".[40]

MI SIERVO DAVID SERÁ REY SOBRE ELLOS

El Señor en esta visión se lleva al profeta hasta el reino de Cristo, donde Israel guardará los mandamientos de Dios, y será perfecto. A pesar de que están cautivos y parecía que no había esperanza para ellos, Dios le dice: tú sigue predicando y no pierdas la fe, porque yo te voy a guardar y seré tu Dios. En Ezequiel 37:24 dice:

---

39   Ibid.
40   La Biblia Reina Valera. 1960.

"Mi siervo David será rey sobre ellos, y todos ellos tendrán un solo pastor; y andarán en mis preceptos, mis estatutos guardarán, y los pondrán por obra".[41]

Aquí nos podríamos preguntar, si cuando se menciona a David estará refiriéndose a Cristo, pero debemos de entender que para este tiempo también habrá resucitado David, y tanto Cristo como David, estarán presentes.

La visión también se da por las etapas por las cuales Israel será restaurado, Primeramente, será recogido de todas las naciones, ésa es la etapa en que se juntan los huesos. Después los huesos se llenan de carne esta es la etapa cuando Israel vuelve a establecer su religión y sus sacrificios en el judaísmo. Pero la tercera etapa es la más emocionante que es cuando Dios le quita el velo a Israel, y entra el Espíritu en ellos. Ezequiel 37:7 dice:

"Profeticé, pues como me fue mandado; y hubo un ruido mientras yo profetizaba, y he aquí un temblor; y los huesos se juntaron cada hueso con su hueso".[42]

Esta es la primera etapa cuando Israel vuelve a su tierra y se convierte en nación, tipificada por la higuera. La segunda es cuando los tendones y la carne cubren los huesos. Esta etapa es cuando viene un avivamiento en Israel predicando el Evangelio del reino por medio de los dos testigos y después por los ciento cuarenta mil, tipificado por el olivo. Ezequiel 37:8 dice:

"Y mire, y he aquí tendones sobre ellos, y la carne subió, y la piel cubrió por encima de ellos; pero no había en ellos espíritu".[43]

En esta etapa Israel predicará con poder y especialmente durante la tribulación. En la Gran

---

41   Ibid.
42   La Biblia Reina Valera. 1960.
43   Ibid.

Tribulación predicarán los ciento cuarenta y cuatro mil con mucho poder, pero en el judaísmo y esperando al Mesías, pero no les ha sido quitado el velo, hasta el final de la tribulación. Ezequiel 37:9-10 dice:

"Y me dijo: profetiza al espíritu, profetiza, hijo de hombre, y di al espíritu: así ha dicho Jehová, el Señor; espíritu, ven de los cuatro vientos, y sopla sobre estos muertos, y vivirán. Y profeticé como me había mandado, y entró espíritu en ellos, y vivieron, y estuvieron sobre sus pies, un ejército grande en extremo".[44]

En esta tercera etapa el espíritu entra en ellos, esto es cuando se les quita el velo y viven y entienden, y reconocen al Mesías el cual viene a salvarlos, tipificado por la vid. Jesucristo dijo: Yo soy la vid verdadera. La vid verdadera es el Evangelio de gracias y la salvación en Jesucristo.

SERÁN MI PUEBLO

Israel es el pueblo de Dios es el pueblo que nos ha dado la palabra de Dios es el pueblo que trajo al Mesías. En el futuro servirán a Jehová y serán su pueblo, Dios les Dara un nuevo corazón y les cumplirá todas las promesas hechas a los padres, durante el milenio, Ezequiel 37:23 dice:

"Ni se contaminarán ya más con sus ídolos, con sus abominaciones y con todas sus rebeliones; y los salvaré de todas sus rebeliones con las cuales pecaron, y los limpiaré; y me serán por pueblo, y yo a ellos por Dios".[45]

El pueblo de Israel había caído en la cautividad como castigo por sus rebeliones, pero el castigo para Israel tenía un propósito, y es temporal y es para enseñarle lo

---

44   La Biblia Reina Valera. 1960.
45   La Biblia Reina Valera. 1960.

que es la paga del pecado. Pero es un pueblo amado por Dios. Jeremías 31:3 dice:

"Jehová se manifestó a mí hace ya mucho tiempo, diciendo:

"Con amor eterno te he amado; por tanto, te prolongué mi misericordia".[46]

Israel podrá pasar por luchas, pruebas y persecución, pero al final será el pueblo que reine con Cristo por toda la eternidad.

CONCLUSIÓN

Dios, ha de guardar a Israel de todos los ataques y persecuciones y llevará a cabo su plan de acuerdo con la elección de Dios. Cuando estaba siendo oprimido por Egipto, Dios llamó a Moisés para que lo fuera a sacar de Egipto con mano poderosa. Éxodo 6:7-8 dice:

"Y os tomaré por mi pueblo y seré vuestro Dios; y vosotros sabréis que yo soy Jehová vuestro Dios, y que os saco de debajo de las tareas pesadas de Egipto. Y os meteré en la tierra por la cual alcé mi mano jurando que la daría a Abraham, a Issac y a Jacob; y yo os la daré por heredad. Yo Jehová".[47]

Dios escogió a Abraham para bendecir a todas las naciones de la tierra, por medio de él vino Jesucristo, para salvar a toda la humanidad. Romanos 11:26-27 dice:

"Y luego todo Israel será salvo, como está escrito: vendrá de Sion el libertador que apartará de Jacob la impiedad".[48]

Muchas veces el Señor habló por medio de sueños

---

46 Ibid.
47 La Biblia Reina Valera. 1960.
48 Ibid.

y dio visiones a su pueblo para animarlos y recordarles que ellos eran su pueblo y que los libraría y estaría con ellos.

LA MULTITUD VESTIDA DE ROPAS BLANCAS[49]

INTRODUCCIÓN

Esta multitud vestida con vestiduras blancas ha causado confusión, y muchos opinan que es la iglesia. Pero si examinamos bien las escrituras no puede ser la iglesia, porque, uno de los ancianos, que es parte de la iglesia, no está entre esa multitud. También, este anciano, que es parte de la iglesia le dice a Juan que es el que está escribiendo. Apocalipsis 7:14 le dice:

"Yo le dije: Señor tú lo sabes, y él me dijo: Éstos son los que han salido de la Gran Tribulación, y han lavado sus ropas, y las han emblanquecido con la sangre del Cordero".[50]

Si han salido de la Gran Tribulación significa que esta gran multitud fue salva, pero pasó por la Gran Tribulación. En otras palabras, fueron salvos, pero no se fueron en el arrebatamiento, y tuvieron que pasar por la Gran Tribulación y no tomaron la marca de la bestia que es el 666.

No se fueron en el arrebatamiento y pasaron por la Gran Tribulación, por alguna razón: no se bautizaron, o

49   Apocalipsis. 7:9-17
50   La Biblia Reina Valera. 1960.

no se bautizaron bien, o no permanecieron, y se habían retirado. Pero cuando vino la tribulación, ellos sabían que no debían tomar la marca de la bestia, y al no tomarla murieron como mártires, y fueron salvos, pero no son parte de la iglesia que se fue en el arrebatamiento, sino que son salvos bajo otro pacto, pero son salvos.

LOS MÁRTIRES DE LA TRIBULACIÓN

Durante la tribulación, van a morir muchas personas en las persecuciones contra los cristianos. Será un tiempo de angustia. Ser salvos va a ser muy difícil, porque los cristianos que no se fueron en el arrebatamiento van a ser perseguidos sin misericordia. Apocalipsis 13:7 dice:

"Y se le permitió hacer guerra contra los santos y vencerlos. También se le dio autoridad sobre toda tribu, pueblo, lengua y nación".[51]

Durante la tribulación y la Gran Tribulación, los cristianos y los judíos serán perseguidos por la bestia, por el falso profeta y por el dragón que será lanzado a la tierra. Een medio de esta gran persecución muchos cristianos van a dar su vida, y no van a tomar la marca de la bestia. De este modo se convertirán en mártires, dando su vida. Y serán salvos. Apocalipsis 20:4 dice:

"Y vi tronos, y se sentaron sobre ellos los que recibieron facultad de juzgar; y vi las almas de los decapitados por causa del testimonio de Jesús y por la palabra de Dios, los que no habían adorado a la bestia, ni a su imagen, y que no recibieron la marca en sus frentes, ni en sus manos; y vinieron y reinaron con Cristo mil años".[52]

Esta multitud es resucitada durante la segunda

---

51   La Biblia Reina Valera. 1960.
52   La Biblia Reina Valera. 1960.

venida de Cristo con su Iglesia cuando Él viene a establecer su reino y poner fin a la Gran Tribulación. Durante la Gran Tribulación el que sea salvo tiene que dar su vida y no adorar la imagen de la bestia, ni tomar la marca en sus manos o en sus frentes. La salvación será por la sangre de Cristo, pero como estamos en el tiempo de la ley, pues es la semana setenta de Daniel. Se tendrá que aplicar también la sangre del que da su vida y no tomar la marca de la bestia. Apocalipsis 12:13:

"Y cuando vio el dragón que había sido arrojado a la tierra, persiguió a la mujer que había dado luz al hijo varón".[53]

La mujer que dio luz al hijo varón es Israel, y el hijo varón es Cristo, y el dragón odia a Israel y lo va a perseguir con gran intensidad durante la Gran Gribulación.

ESTA GRAN MULTITUD NO TIENE CORONAS

Esta gran multitud será salva, pero no tiene coronas, lo cual indica que, sí fueron salvos, pero no tienen la corona que solamente tienen los que vencieron y se fueron en el arrebatamiento.

Los que se fueron en el arrebatamiento tienen coronas que les ha sido dadas como galardones, durante los siete años que la tierra pasa por la Gran Tribulación. Apocalipsis 4:4 dice:

"Y alrededor del trono había veinticuatro tronos; y vi sentados en los tronos a veinticuatro ancianos, vestidos de ropas blancas, con coronas de oro en sus cabezas".[54]

---

53   Ibid.
54   La Biblia Reina Valera. 1960.

Los veinticuatro ancianos representan a la iglesia y aparecen después del rapto en el Cielo, el número veinticuatro representa el número completo. La iglesia será completada cuando el ultimo cristiano se haya bautizado, antes del arrebatamiento y el número se haya completado. Después, se cerrará la puerta, y la iglesia se habrá completado y es representada por los veinticuatro ancianos.

UNA MULTITUD QUE NADIE PODÍA CONTAR

"Una multitud que nadie podía contar". Esta expresión indica que son muchos, y es que en todo el mundo está el cristianismo. Pero enmedio de ese cristianismo está escondida la iglesia, que ha nacido de nuevo. Hay Iglesias muy grandes a las cuales sus líderes no les quieren predicar acerca del arrepentimiento y de la santidad, por no ofenderlos y por temor de perderlos. Pero se necesita predicar la palabra de Dios porque ella es la que hace la obra en los corazones. Apocalipsis 7:9 dice:

"Después de esto miré, y he aquí una gran multitud, la cual nadie podía contar, de todas naciones y tribus y pueblos y lenguas, que estaban delante del trono y en la presencia del Cordero, vestidos con ropas blancas y con palmas en las manos".[55]

Una gran multitud de cada parte del mundo que estuvo muy cerca de la salvación, pero, por no leer la palabra de Dios se confiaron en lo que les decían sus líderes, que por supuesto tampoco se fueron en el arrebatamiento y vinieron a ser parte de esta gran multitud, y que, en muchos casos, sí tomaron la marca

55   La Biblia Reina Valera. 1960.

y no fueron salvos. Jesucristo en Mateo 15:14 dijo:
"Dejadlos; son ciegos guías de ciegos; y si el ciego guiare al ciego, ambos caerán en el hoyo".[56]

Jesucristo nos manda que escudriñemos las escrituras y no nos alimentemos solamente de lo que nos ensenan nuestros lideres porque la salvación es algo de mucha importancia Jesús también en Juan 5:39 dice:

"Escudriñad las Escrituras; porque a vosotros os parece que en ellas tenéis la vida eterna; y ellas son las que dan testimonio de mí".[57]

Pero sí podemos decir de la gran misericordia de Dios que, a pesar del descuido de los que no se fueron en el arrebatamiento, Dios les da una gran oportunidad y el valor de rechazar la marca de la bestia y ser salvos.

ALABANZA UNIVERSAL

Aquí se juntan los ángeles y los querubines, con la iglesia que ha vencido, y ha sido coronada, en una alabanza de gratitud. Apocalipsis 7:11-12 dice:

"Y todos los ángeles estaban en pie alrededor del trono, y de los ancianos y de los cuatro seres vivientes; y se postraron sobre sus rostros delante del trono, y adoraron a Dios, diciendo: Amén. La bendición y la gloria y la sabiduría y la acción de gracias y la honra y el poder y la fortaleza sean a nuestro Dios por los siglos de los siglos. Amén".[58]

En esta escena se unen los ángeles y los querubines representados por los cuatro seres vivientes, y la Iglesia representada por los ancianos. Se unen en una alabanza

---

56   Ibid.
57   La Biblia Reina Valera. 1960.
58   Ibid.

de adoración y de gran gozo. Gozo porque somos de Dios y servimos a Dios y tanto ángeles como nosotros, que fuimos comprados con la sangre del Cordero, somos de Dios.

A esta alabanza se unen también, los mártires de la gran tribulación en agradecimiento porque en medio de la persecución y la tribulación alcanzaron la salvación y en Apocalipsis 7:10 clamaban diciendo:

"Y clamaban a gran voz, diciendo: La salvación pertenece a nuestro Dios que está sentado en el trono y al Cordero".[59]

A esta alabanza se unen, los mártires de la Gran Tribulación y la Iglesia, junto con los ángeles y los querubines en una alabanza de victoria y de agradecimiento, pues Jesucristo ha regresado a la tierra y ha derribado todos los gobiernos y ha venido a establecer su reino y a encerrar al diablo por mil años, y lanzar al falso profeta y a la bestia al lago de fuego.

EL CORDERO LOS PASTOREARÁ

Los mártires de la Gran Tribulación van a sufrir y van a dar su vida, por no negar a Cristo y por no tomar la marca de la bestia. Pero serán grandemente recompensados. Durante la Gran Tribulación será muy difícil, vivir para Cristo y oponerse al sistema de la bestia. Será un tiempo donde el dragón será lanzado a la tierra, y la bestia que es el anticristo reinará sobre cada nación, tribu y lengua. Estará también el falso profeta haciendo grandes señales y toda la humanidad será engañada, dominada y obligada a tomar su marca. Apocalipsis 13:15 dice:

"Y se le permitió infundir aliento a la imagen de

---

59   La Biblia Reina Valera. 1960.

la bestia, para que la imagen hablase e hiciese matar a todo el que no la adorase".[60]

Pero esta gran multitud enmedio de toda esta persecución decide dar su vida para no tomar la marca y para no negar a Cristo. Pero cuando regresa Cristo, ellos resucitan para reinar con Cristo durante su reino milenial. Dar su vida por Cristo y por no unirse a toda la humanidad que ha abrazado a la bestia, será una gran decisión, pero será muy difícil. El que no tome la marca no va a poder comprar ni vender. No podrán comprar leche, ni comida para sus niños. Pero en medio de toda esta persecución, no negarán a Cristo. Apocalipsis 7:17 dice:

"Porque el Cordero que está en medio del trono los pastoreará y los guiará a fuentes de aguas de vida; y Dios enjugará toda lágrima de los ojos de ellos".

Dios enjugará toda lágrima, de los ojos de ellos, Dios mismo los recompensará y les dará el premio que él tiene para los que lo aman. Los mártires de la Gran Tribulación podrán demostrar que, a pesar de que ellos no se fueron en el arrebatamiento, cuando llegó el tiempo de demostrar lo mucho que lo amaban estuvieron dispuestos a morir por él. Pero la recompensa para este grupo será grande, pues Dios los pastoreará por toda la eternidad.

---

60   La Biblia Reina Valera. 1960.

LA BATALLA DE ARMAGEDÓN

INTRODUCCIÓN

Apocalipsis 16:16: "Y los reunió en el lugar que en hebreo se llama Armagedón."

La batalla de Armagedón será la batalla final, en la que tomará parte la mayoría de las naciones. Esta batalla será en contra de Israel, y los espíritus inmundos incitarán a los moradores de la tierra, para que tomen parte en esta Guerra. Apocalipsis 16:13-14 dice:

"Y vi salir de la boca del dragón, de la boca de la bestia, y de la boca del falso profeta, tres espíritus inmundos a manera de ranas; pues son espíritus de demonios que hacen señales, y van a los reyes de la tierra en todo el mundo, para reunirlos a la batalla de aquel gran día del Dios todopoderoso".[61]

El dragón, la bestia y el falso profeta, junto con todos sus demonios estarán trabajando unidos para lograr que todo el mundo participe de esta guerra y solamente el regreso de Cristo a la tierra podrá impedir que este mundo se destruya completamente. El Señor Jesucristo, en Mateo 24:21-22 dijo:

---

61   La Biblia Reina Valera. 1960.

"Porque habrá entonces gran tribulación, cual no la ha habido desde el principio del mundo hasta ahora, ni la habrá. Y si aquellos días no fuesen acortados, nadie sería salvo; mas por causa de los escogidos, aquellos días serán acortados".[62]

Esta batalla hace que tomen parte todas las naciones y mueran millones de personas, y hará que los escogidos, que es el pueblo de Israel, clamen a Jehová, y se humille y pida perdón. Cuando Jehová mismo les quite el velo y entiendan que ellos crucificaron al Mesías por no haberlo reconocido. Al clamar a Jehová pidiendo misericordia y perdón hace que Jehová regrese a la tierra junto con su Iglesia. Cristo viene a establecer su reino y a salvar a la humanidad. Esto evitará que mueran y se acaben todas las personas.

DÓNDE ESTA ARMAGEDÓN

Armagedón es un valle, que se llama el valle de Megido, que está a noventa kilómetros al norte de Jerusalén. Algunas fuentes dicen:

"El valle de Megido y la cercana llanura de Jezreel, será el punto central para la batalla de Armagedón".[63]

Armagedón es la región sur de Galilea, en el Israel de la actualidad. A unos cien kilómetros al norte de Jerusalén, se encuentra una llanura amplia y fértil. Hoy día es una zona agrícola muy rica en el estado de Israel.

Este valle ha sido testigo de muchas batallas, por aquí han pasado, de ida y de regreso muchos de los conquistadores que han dominado el mundo. Desde el tiempo que gobernaban los egipcios, hasta los tiempos modernos, donde los soldados israelíes se han

---

62   La Biblia Reina Valera. 1960.
63   Predicaciones Proféticas.

preparado para la guerra y poder sobrevivir. Pero una vez más se ha de llenar de sangre, durante la batalla final que antecede el regreso de Jesús para establecer su reino milenial. En esta batalla se derramará la sangre de millones de personas. Apocalipsis 14:20 dice:

"Y fue pisado el lagar fuera de la ciudad, y del lagar salió sangre hasta los frenos de los caballos, por mil seiscientos estadios".[64]

Esto significa un baño de sangre increíble, como nunca lo ha habido, y que no se puede computarizar, pero probablemente quiere decir que en muchas partes de este valle se va a derramar tanta sangre que llegará hasta los frenos de los caballos.

QUIÉNES PARTICIPAN EN ESTA BATALLA

En esta batalla participan todas las naciones, principalmente los enemigos de Israel. El diablo y sus demonios saldrán por toda la tierra para engañar a sus moradores, para que participen de esta batalla. El propósito del dragón es acabar completamente con Israel y el pueblo judío, y el resto de la humanidad. Apocalipsis 12:13 dice:

"Y cuando vio el dragón que había sido arrojado a la tierra, persiguió a la mujer que había dado luz al hijo varón".[65]

La mujer que dio luz a el hijo varón, es el pueblo de Israel, y el hijo varón, que es Jesús vino a quitarle las llaves de la muerte, y del hades. Aquí es donde se nos revela quién es el que odia a Israel y ha incitado a muchas naciones a perseguirlo. Pero Israel es el pueblo

---

64   La Biblia Reina Valera. 1960.
65   La Biblia Reina Valera. 1960.

de Dios y ha sido la mano de Dios la que siempre lo ha guardado. En esta batalla también participan todas las naciones de la tierra, incitadas por el dragón y sus demonios. Zacarías 12:3 dice:

"Y en aquel día pondré a Jerusalén por piedra pesada a todos los pueblos; todos los que la carguen serán despedazados, aunque todas las naciones de la tierra se juntaran contra ella".[66]

Estas palabras son muy significativas, pues dicen que Jerusalén será una piedra pesada y todos los que atacan a Jerusalén serán, despedazados y vencidos. Y a pesar de que lo ataquen todas las naciones de la tierra, no podrán vencerlos porque Jehová los defenderá una vez más como los ha defendido antes. Zacarías 12:8 dice:

"En aquel día Jehová defenderá al morador de Jerusalén: el que de entre ellos fuera débil, en aquel día será como David; y la casa de David como Dios, como el ángel de Jehová delante de ellos.

Aún se menciona a naciones que van a atacar a Israel, que en el tiempo de Juan no existían. Apocalipsis 16:12 dice:

"El sexto ángel derramó su copa sobre el gran río Éufrates; y el agua de éste se secó, para que estuviese preparado el camino a los reyes del oriente".[67]

Los reyes del oriente. Es muy posible que se refiera a China, un país con millones de soldados, y también listo para entrar en el conflicto final.

Jehová mismo defenderá al pueblo de Israel, y el pueblo judío estará vivo y defendiéndose, al regreso de Jesucristo. En la batalla de los seis días, atacaron a Israel cuatro naciones árabes, pero Israel salió victorioso,

---

66 Ibid.
67 La Biblia Reina Valera. 1960.

porque Dios estaba con él.

UNA BATALLA COMPLETAMENTE DESTRUCTIVA

Esta Guerra será mortal y millones de personas van a morir. Todas las naciones de la tierra serán arrastradas en este conflicto mundial. Morirán dos terceras partes de la humanidad y eso equivale a más de dos billones y medio de habitantes. Las grandes ciudades serán destruidas. Zacarías 13:8 dice:

"Y acontecerá en toda la tierra, dice Jehová, que las dos terceras partes serán cortadas de ella, y se perderán; mas la tercera quedará en ella. Y meteré en el fuego a la tercera parte, y los fundiré como se funde la plata, y los probaré como se prueba el oro. Él invocará mi nombre y yo le oiré, y diré: Pueblo mío; y él dirá: Jehová es mi Dios".[68]

Dos terceras partes de la humanidad, van a morir tan solo en esta batalla final. A la humanidad le tocado vivir en guerras en las que han muerto millones, como en la segunda guerra mundial que murieron más de setenta millones de personas. Pero ninguna guerra se puede comparar a ésta en la que serán, miles de millones los que van a morir, este será el conflicto final. Jesucristo dijo en Mateo 24:7

"Porque se levantará nación contra nación, y reino contra reino; y habrá pestes, y hambres, y terremotos en diferentes lugares".[69]

Se levantará nación contra nación, habrá un espíritu dominando que incite a la Guerra y a la destrucción.

También los que logren salvarse durante este

---

68   La Biblia Reina Valera. 1960.
69   Ibid.

periodo tendrán que luchar con todas sus fuerzas y clamar a Dios y no tomar la marca de la bestia, que es el 666. Serán probados en medio de persecuciones y guerras, terremotos y epidemias. Esta guerra solamente podrá ser detenida por la gloriosa vendida del rey de reyes y Señor de Señores.

ENTONCES, VENDRÁ EL FIN

Estas fueron palabras dichas por el mismo Jesús, profetizando acerca del que será el fin de este sistema. La humanidad estará en el conflicto más grande de la historia. Con esto demuestra que el ser humano no ha tenido la habilidad de sacar este mundo adelante, y vivir en paz. Y que solamente el regreso de Cristo a la tierra podrá impedir que esta humanidad se destruya completamente. Jesucristo en Mateo 24:14 dijo:

"Y será predicado este evangelio del reino en todo el mundo, para testimonio de todas las naciones; y entonces, vendrá el fin".[70]

Dios en su misericordia levantará dos testigos al principio de la tribulación para que prediquen el evangelio del reino, y esto hará que ciento cuarenta y cuatro mil judíos jóvenes y vírgenes se levanten prediquen el evangelio del reino. Este evangelio anuncia que Jesucristo viene pronto a establecer su reino y quitar todo dominio humano o satánico.

Será un tiempo terrible y solamente, la predicación del evangelio del reino podrá dar fuerzas y sostener a los que han de vencer. Jesucristo dijo en Mateo 24:19, 21:

"Mas, hay de las que estén encintas, y de las que críen en aquellos días, porque habrá entonces gran

---
70   La Biblia Reina Valera. 1960.

tribulación, como no la ha habido desde el principio del mundo hasta ahora, ni la habrá".[71]

Habrá gran tribulación, las naciones estarán todas en guerra, habrá gran destrucción, y se usarán todas las armas que el hombre ha logrado construir en contra de sus semejantes. Zacarías 14:12 dice:

"Y esta será la plaga con que herirá Jehová a todos los pueblos que pelearon contra Jerusalén: la carne de ellos se corromperá estando ellos sobre sus pies, y se consumirán en las cuencas sus ojos, y la lengua se les deshará en su boca".[72]

Estos detalles da Zacarías acerca de cómo será afectado el ser humano por la radiación y efecto de las armas que han de ser usadas en esta guerra. Son detalles que da el profeta 400 años antes de Cristo, cuando no se había inventado ni siquiera la pólvora. Pero aquí nos da detalles de la terrible destrucción y del terrible destino de la humanidad.

JEHOVÁ MISMO VIENE A TERMINAR CON ESTA BATALLA

Esta batalla hará que Israel se arrepienta, y busque a Jehová, lo cual hará que Jesucristo regrese a la tierra con su Iglesia. Zacarías 14:5 dice:

"Y huiréis al valle de los montes, porque el valle de los montes llegará hasta azal, huiréis de la manera que huísteis por causa del terremoto en los días de Uzías rey de Judá; y vendrá Jehová, mi Dios, y con Él, todos sus santos".

Se describe la venida de Dios con su Iglesia, en un tiempo en el cual Israel huye por la Guerra y por

---

71   Ibid.
72   La Biblia Reina Valera. 1960.

el temor. Pero en eso acontece la venida de Dios, viene con su Iglesia, y viene para salvar a Israel y al mundo. Para salvarlos de una aniquilación completa y enmedio de guerra, catástrofes y tribulación. Zacarías 14:7 dice:

"Porque yo reuniré todas las naciones para combatir contra Jerusalén; y la ciudad será tomada, y serán saqueadas las casas, y violadas las mujeres; y la mitad de la ciudad irá en cautiverio, mas el resto del pueblo no será cortado de la ciudad".[73]

Serán tiempos de angustia para Israel y para el mundo, que tiene los deseos ambiciosos de conquistar el mundo y dominar a su prójimo. Aquí se menciona que la mitad de la ciudad de Jerusalén será tomada y las casas serán saqueadas y violadas las mujeres. El regreso de Jesús hace que cambien todas las cosas. Aun la geografía del mundo va a sufrir cambios con su venida. El Monte de los Olivos se partirá por la mitad —Zacarías 14:4— y al afirmar Jesús sus pies en el Monte de los Olivos, dicen:

"Y se afirmarán sus pies en aquel día sobre el Monte de los Olivos, que está enfrente de Jerusalén al oriente. Y el Monte de los Olivos se partirá por en medio, hacia el oriente y hacia el occidente, haciendo un valle muy grande, y la mitad del monte se apartará hacia el norte, y la otra mitad hacia el sur".[74]

Jehová viene con poder y con su iglesia, para salvar a la humanidad, y para acabar con el reino de la bestia. Y para salvar a los que esperan en él. En este tiempo, Jesús será reconocido, tanto por la Iglesia como por Israel, como el rey verdadero, y el Salvador del mundo. Zacarías 14:9 dice:

"Y Jehová será rey sobre toda la tierra; en aquel día

73   La Biblia Reina Valera. 1960.
74   Ibid.

Jehová será uno, y uno su nombre".[75]

En aquel día, Jesús establecerá su reino, y Jesús será reconocido como rey tanto por la Iglesia como por Israel.

---

75   La Biblia Reina Valera. 1960.

LAS BODAS DEL CORDERO[76]

1. LAS BODAS DEL CORDERO

Será el evento más glorioso, planeado por Dios desde antes de la fundación del mundo y es el propósito por el cual Cristo vino a morir por su Iglesia y por toda la humanidad. Este evento fue planeado por el mismo Dios. Él ha esperado pacientemente por cientos de años llevando a cabo su plan de redención, el cual culmina con la gloriosa Boda del Cordero con su Iglesia. Esta boda es una boda como nunca ha habido otra, los reyes y los grandes magnates han hecho grandes celebraciones a través de la historia. Muchas veces ha sido a costa del dolor y el sufrimiento de los esclavos y de otras personas, pero su gozo se ha acabado. Pero el gozo supremo de la iglesia será en el futuro y culminará con esta gloriosa boda. Todos los grandes hombres de Dios del Antiguo Testamento serán invitados a estas bodas. Todos los ángeles de más alto rango estarán presentes en estas bodas. Pero ellos son invitados. La iglesia no es invitada, la iglesia es la novia que estará junto al rey de reyes y Señor de Señores. Es la novia que se unirá a Cristo para ser su esposa y que habrá una cena de bodas. Apocalipsis 19:7 dice:

---

76   Apocalipsis 19:7-9

"Gocémonos, alegrémonos y démosle gloria; porque han llegado las Bodas del Cordero, y su esposa se ha preparado. La celebración más gloriosa de todos los tiempos y de todo el universo, llegará".

2. LAS BODAS PAGANAS Y LAS CELEBRACIONES LUJOSAS

Las bodas de los, ricos y de los poderosos son, por lo general, muy lujosas. Tan solo el vestido de la novia puede costar hasta doscientos mil euros. A esas celebraciones pueden asistir las personas más ricas y poderosas.

1) EL REY BELSASAR

El rey Belsasar había hecho un gran banquete para mil de sus príncipes, y bebía vino delante de ellos. Belsasar mandó traer los vasos de oro y de plata que Nabucodonosor, su padre, había traído del Templo de Jerusalén, para que bebiesen en ellos el rey y sus grandes, sus mujeres y sus concubinas (Daniel 5:2).

2) ASUERO

El rey Asuero reinó desde la India hasta Etiopía, reino sobre ciento veintisiete provincias. Este rey, en el tercer año de su reinado, hizo un banquete para todos sus príncipes y cortesanos, teniendo delante de él a los más poderosos de Persia y de Media, gobernadores y príncipes de provincias. Este banquete duró ciento ochenta días, o seis meses. (Ester 1:3-4). Después de este banquete, hizo otro banquete de siete días en el patio del huerto del palacio real a todo el pueblo que había en

Susa, capital del reino, desde el mayor hasta el menor. (Ester 1:5).

El pabellón tenía columnas de mármol; y los reclinatorios eran de oro y de plata, sobre losado de pórfido y de mármol, y de alabastro y de jacinto (Ester 1:6). Y daban de beber en vasos de oro, y vasos diferentes unos de otros, y mucho vino real, de acuerdo con la generosidad del rey. (Ester 1:7)

Aquí, la Biblia nos describe un banquete de un hombre poderoso en su tiempo, y hubo muchos hombres poderosos a través de la historia. Reyes, virreyes, césares, faraones, emperadores, condes, que construían castillos, palacios y grandes mansiones. Hombres que tenían, todos los tesoros, y riquezas que habían traído de los pueblos que habían conquistador.

3) LOS INVITADOS

Apocalipsis. 19:9. Y el ángel me dijo: Escribe: Bienaventurados los que son llamados a la cena de las Bodas del Cordero. Y me dijo: Éstas son palabras verdaderas de Dios.

Los invitados a estas bodas son: los grandes hombres de Dios del antiguo testamento. Ellos resucitan cuando Jesucristo regresa a la tierra con su Iglesia, para participar en esta boda como invitados.

También habrá otros invitados, que agradaron a Jesús por su gran fe. Jesús fue impresionado por la fe de un centurión, que demostró una gran fe, pues dijo a Jesús: Solamente di la palabra, y mi criado sanará. (Mateo. 8:8).

Jesús dijo a sus seguidores en Mateo 8:11:

"Y os digo que vendrán muchos del oriente y del occidente, y se sentarán con Abraham, Issac y Jacob en el reino de los cielos".

Estos se sentarán con los escogidos para participar de esta cena. Otros de los invitados son algunos judíos que estarán con vida al regreso de Cristo y pasaron por la tribulación. Entre ellos, están los 144,000 judíos que predicarán el Evangelio del Reino en la segunda parte de la tribulación.

Otros de los invitados son algunos gentiles, que van a estar con vida al regreso de Jesús a la tierra con su Iglesia, y sobrevivieron la tribulación. Esta recompensa está basada en el trato que dieron a Israel durante la tribulación. En Mateo 25:34-40, el verso 40 dice:

"Y respondiendo el rey, les dirá: De cierto os digo que en cuanto hicisteis a uno de estos mis hermanos más pequeños, a mí me lo hicisteis".[77]

Otros de los invitados a esta cena son los mártires de la tribulación, que resucitan al regreso de Cristo para participar de esta cena como invitados. Apocalipsis 20:4 Dice:

"Y vi las almas de los decapitados por causa del testimonio de Jesús y por la palabra de Dios, los que no habían adorado a la bestia, ni a su imagen, y que no recibieron la marca en sus frentes, ni en sus manos; y vivieron y reinaron con Cristo mil años".[78]

Estos mártires, resucitán para participar de estas bodas como invitados.

4) LAS BODAS EN EL ANTIGUO TESTAMENTO

Muchas veces las bodas eran arregladas por los padres cuando eran aun niños, y el novio debía de pagar una dote. Jacob pagó como dote por Raquel, con siete

---

77   La Biblia Reina Valera. 1960.
78   La Biblia Reina Valera. 1960.

años de trabajo. David pagó doscientos prepucios de filisteos por Mical la hija de Saúl. 1 Samuel 18:27 dice:

"Se levantó David y se fue con su gente, y mató a doscientos hombres de los filisteos; y trajo David los prepucios de ellos y los entregó todos al rey, a fin de hacerse yerno del rey. Y Saúl le dio su hija Mical por mujer".[79]

Entre las familias ricas la dote era algo más costoso que entre las familias pobres. La dote podría ser un bote de pescar, si eran familias de pescadores. Podía ser un camello o lo que se acordara entre las familias. Cuando crecían y llegaba el tiempo de casarse, el novio debía de traer la dote acordada antes de casarse.

La mujer tenía que ser virgen al llegar al matrimonio. Si no fuera virgen tenía que ser apedreada. Deuteronomio 22:20-21 dice:

"Mas si resultare ser verdad que no se halló virginidad en la joven, entonces la sacaban a la puerta de la casa de su padre, y la apedrearan los hombres de su ciudad, y morirá por cuanto hizo vileza en Israel fornicando en casa de su padre; así quitarás el mal de enmedio de ti".[80]

En esta situación se encontraban María y José. Mateo. 1:18 dice:

"Estando desposada María, su madre, con José, antes que se juntaran, se halló que había concebido del Espíritu Santo".[81]

Cuando José se da cuenta que María estaba embarazada quiso dejarla secretamente para no tener que matarla y avergonzarla.

79   Ibid.
80   La Biblia Reina Valera. 1960.
81   Ibid.

5) JESÚS PAGÓ LA DOTE POR SU IGLESIA CON SU VIDA

El precio que costaba la iglesia no era oro, ni plata ni diamantes, y no había nadie que pudiera pagar por ella, porque todos somos pecadores. Romanos 3:23 dice: "Por cuanto todos pecaron, y están destituidos de la gloria de Dios".[82]

Nadie podía pagar por nuestra redención, no con oro, ni con plata, sino con la sangre de Cristo. 1 Pedro 1:18 20 dice:

"Sabiendo que fuisteis rescatados de vuestra vana manera de vivir, la cual recibisteis de vuestros padres, no con cosas corruptibles, como oro o plata, sino con la sangre preciosa de Cristo, como de un Cordero sin mancha y sin contaminación ya destinado desde antes de la fundación del mundo, pero manifestado en los postreros tiempos por amor a vosotros".

Esta boda fue planeada por Dios antes de la fundación del mundo, y muchos grandes hombres tomaron parte para cumplir el plan de Dios. También diferentes personas tomaron parte en el cumplimiento del plan de Dios. Hechos 4:27-28 dice:

"Porque verdaderamente se unieron en esta ciudad contra tu santo Hijo Jesús, a quien ungiste, Herodes y Poncio Pilato, con los gentiles y el pueblo de Israel, para hacer cuanto tu mano y tu consejo habían antes determinado que sucediera".

Pero solo Cristo podía pagar el precio por ella con su misma sangre. Efesios 5:25 dice:

"Maridos, amad a vuestras mujeres, así como Cristo amó a la Iglesia, y se entregó a sí mismo por ella".

Él mismo, en Juan 10:11 dijo:

---

82   Ibid.

"Yo soy el buen pastor; el buen pastor su vida da por sus ovejas".

Jesús dio su vida por su Iglesia porque ése era el precio que tenía que pagar por ella. Pablo en Efesios 5:27 dice:

"A fin de presentársela a sí mismo, una Iglesia gloriosa, que no tuviese mancha, ni arruga, ni cosa semejante, sino que fuese santa y sin mancha".[83]

Él dio su vida voluntariamente por su Iglesia y Él mismo se entregó. Nadie se la quitó y así lo dijo en Juan 10:18, que dice:

"Nadie me la quita, sino que yo de mí mismo la pongo. Tengo poder para ponerla, y tengo poder para volverla a tomar".[84]

CONCLUSIÓN

La Iglesia nació el día de Pentecostés, y termina su programa con el arrebatamiento. Todos los que fueron bautizados en el nombre de Jesucristo en este periodo forman parte de su Iglesia, que regresa con Cristo a la tierra para ser parte de estas bodas. Habrá grandes hombres de Dios, y ángeles del más alto rango, como invitados. Pero la Iglesia no es invitada. Ella es la novia. Ella estará sentada junto al Rey de Reyes y Señor de Señores, para unirse a él, y reinar con él por la eternidad. En el principio, Dios planeó formar una esposa, para que fuera su compañera y reinara con él. Por eso creó a la humanidad, que empezó a desarrollar su plan.

Los grandes hombres de Dios del Antiguo Testamento no podían comprender el plan de Dios por sus limitaciones y su mente limitada. Hasta el Nuevo

---

83   La Biblia Reina Valera. 1960.
84   Ibid.

Testamento se empieza a revelar el plan de Dios para su Iglesia. En Apocalipsis 13:8, que está mencionando a todos los moradores de la tierra que adoraron a la bestia introduce esta revelación y dice:

"Y la adoraron todos los moradores de la tierra cuyos nombres no estaban escritos en el libro de la vida del Cordero que fue inmolado desde el principio del mundo".

Nadie hubiera podido comprender el plan de Dios, los humanos somos muy limitados. Pero Él, con su sabiduría y su mente sin límites, planeó esta gran celebración, antes de la fundación del mundo. Y nosotros tomaremos parte de su plan. Pablo, en Efesios 5:30-31 dice:

"Porque somos miembros de su cuerpo, de su carne y de sus huesos. Por eso dejará el hombre a su padre y a su madre, y se unirá a su mujer, y los dos serán una sola carne. Grande es este misterio; más yo digo esto respecto de Cristo y de la Iglesia".[85]

Con estas bodas culmina el gran plan de Dios el arquitecto y diseñador de todas las cosas planeó esta gran celebración en la cual nosotros seremos parte de su cumplimiento.

UN SUEÑO DE LAS BODAS DEL CORDERO

El maestro Gilberto Amaya, que fue misionero a Costa Rica, Centro América, y obispo en el distrito norte de California, nos contó de un sueño que tuvo, acerca de estas bodas. Fue cuando tomó la iglesia de Denver antes de salir de misionero a Costa Rica. Contó que había una hermana que tenía muchos años de convertida, y que había dejado de ir a la iglesia. Y el pastor Amaya tuvo

---

85   La Biblia Reina Valera. 1960.

un sueño, en el cual, estaban en las Bodas del Cordero y que veía a todos los hermanos de su congregación, y estaban todos muy contentos. Pero de repente, alguien le tocaba la espalda y al voltear vio a un ángel, que le mostró una silla que estaba vacía, y le dijo que esa silla pertenecía a una hermana de su congregación que no estaba yendo a la iglesia, y que lo hacían responsable de la situación espiritual de ella.

El pastor Amaya le habló por teléfono a primera hora, y le dijo que necesitaba hablar con ella. Ella le contesta que si a esta hora, pues era muy temprano, y el pastor Amaya le contestó que era muy importante, entonces la hermana accedió y le dijo que le prepararía algo de desayunar. Cuando el Maestro Gilberto entró a la casa vio la silla que había visto en el sueño, y le dijo a la hermana que tenía muy bonitos muebles y que él había visto esa silla en su sueño, de las Bodas del Cordero, y que estaba vacía, y que le preocupaba que la hermana había dejado de asistir a la iglesia. A lo cual dijo la hermana que había dejado de asistir porque su hija había muerto. Pero después de que el pastor Amaya la visitó y le contó su sueño, esta hermana volvió a integrarse a la Iglesia. Dos años después, esta hermana se fue con el Señor y estaba contenta y le decía al pastor Amaya: Ya me voy, pastor Amaya, allá lo espero. Ésta fue una gran experiencia, y decía el maestro Gilberto Amaya que cuando pasaba por luchas y pruebas, esta experiencia lo animaba a levantarse con nuevas fuerzas. Vale la pena luchar por el gran privilegio de llegar y ser parte de esta gran celebración.

EL MILENIO

INTRODUCCIÓN

El Milenio es un periodo de paz sobre la tierra que dura mil años, en el cual Jesucristo va a reinar, en la tierra desde Jerusalén. Será un tiempo de paz tanto para Israel como para las naciones que hayan sido salvas y entren al Milenio con Cristo. Será un tiempo en que el diablo estará encadenado, y Jesucristo mantendrá la paz. Apocalipsis 20:1-2 dice:

"Vi un ángel que descendía del cielo, con la llave del abismo, y una gran cadena en la mano. Y prendió al dragón, la serpiente Antigua, que es el diablo y Satanás, y lo ato por mil años".[86]

También se le conoce como el reino y hasta en el libro de Apocalipsis, se nos da la revelación que dura mil años. En esos mil años se le van a cumplir al pueblo de Israel todas las promesas que Dios tiene para ellos. Será un tiempo en el cual va a haber personas que resucitaron en la segunda venida de Cristo y entrarán en el Milenio para reinar con él. Habrá también personas que están con vida en la segunda venida de Cristo y reinarán juntamente con Cristo. Este periodo comienza

---

86   La Biblia Reina Valera. 1960.

con la segunda venida de Cristo a la tierra para dar fin a la gran tribulación y así establecer su reino.

CRISTO REINARÁ DESDE EL MONTE DE SIÓN

Jerusalén es la ciudad del gran rey que fue construida sobre el monte de Sión, y durante el reino del Milenio será la ciudad más importante del mundo. Isaías 2:2-4 dice:

"Acontecerá en lo postrero de los tiempos, que será confirmado el monte de la casa de Jehová como cabeza de los montes, y será exaltado sobre los collados, y correrán a él todas las naciones. Y vendrán muchos pueblos y dirán: Venid, subamos al monte de Jehová, a la casa del Dios de Jacob; y nos enseñará sus caminos, y caminaremos por sus sendas. Porque de Sión saldrá la ley, y de Jerusalén la palabra de Jehová".

Jesucristo reinará desde el mismo monte, y desde la misma ciudad en la cual fue crucificado, desde la ciudad de David. Pero en el tiempo del Milenio será la ciudad más importante del mundo y las naciones y las gentes vendrán a ella, para recibir palabra del Señor y Rey Jesucristo. Isaías 11:10 dice:

"Acontecerá en aquel tiempo que la raíz de Isaí, que estará puesta por pendón a los pueblos, será buscada por todas las personas y su habitación será gloriosa".[87]

Las gentes de todas las naciones vendrán a buscar y a oír la sabiduría y la enseñanza de Cristo, el cual es la raíz de Isaí, que fue el padre de David.

---

87   La Biblia Reina Valera. 1960.

HABRÁ PAZ UNIVERSAL

Habrá paz universal porque Jesucristo, el juez justo estará reinando desde el monte de Sión, con justicia y equidad. Isaías 11:5 dice:

"Y será la justicia cinto de sus lomos, y la fidelidad ceñidor de su cintura".[88]

Jesucristo reinará con toda justicia. Juzgará y reprenderá toda injusticia. Aun los animales más feroces dejarán de comerse a sus presas y comerán hierba y paja. Isaías 11:6-7 dice:

"Morará el lobo con el cordero, y el leopardo con el cabrito. Se acostará el becerro y el león, y la bestia doméstica andarán juntos y un niño los pastoreará. La vaca y la osa pacerán. Sus crías se echarán juntas y el león como el buey comerá paja".

Los animales más salvajes, que son temidos por los más débiles, se echarán juntos y no tendrán temor de sus depredadores, porque la paz y la presencia de Dios estará sobre toda la tierra, Isaías 11:8 dice:

"Y el niño de pecho jugará sobre la cueva del áspid, y el recién destetado extenderá su mano sobre la caverna de la víbora".[89]

Jesucristo el rey de paz, reinará e impondrá la paz sobre todas las naciones, y aun sobre los animales salvajes y feroces. Isaías 2:4 dice:

"Y juzgará entre las naciones, y reprenderá a muchos pueblos; y convertirán sus espadas en rejas de arado, y sus lanzas en hoces; no alzará espada nación contra nación, ni se adiestrarán más para la guerra".[90]

Esta es una gran profecía que anuncia la clase de

---

88 Ibid.
89 Ibid.
90 La Biblia Reina Valera. 1960.

paz que habrá durante el Milenio, pues no se adiestrarán más para la guerra, ni se fabricarán armas para destruir y matar al prójimo. Habrá gran prosperidad porque todos los recursos que hoy se usan para la guerra se usarán para las herramientas de trabajo. También se obligará a toda persona a adorar a Dios, pues de otra manera no vendrá lluvia sobre ellos. Zacarías14:17-18 dice:

"Y acontecerá que los de las familias de la tierra que no subieren a Jerusalén para adorar al Rey, Jehová de los ejércitos, no vendrá sobre ellos lluvia. Y si la familia de Egipto no subiere y no viniere, sobre ellos no habrá lluvia; vendrá la plaga con que Jehovah herirá las naciones que no subieren a celebrar la Fiesta de los Tabernáculos".[91]

En este tiempo Jehová reinará y todos serán obligados a servir a Dios, puesto que Él regirá las naciones con vara de hierro.

QUIÉNES VIVIRÁN EN LA TIERRA DURANTE EL REINO MILENIAL

En el Reino Milenial reinarán con Cristo, los santos del antiguo testamento, los cuales serán resucitados en la segunda venida de Cristo cuando viene a terminar con la Gran Tribulación. Daniel 12:2 dice:

"Y muchos de los que duermen en el polvo de la tierra serán despertados, unos para vida eterna, y otros para vergüenza y confusión perpetua".[92]

En esta resurrección, resucitan los que fueron salvos del antiguo testamento, y será para reinar con Cristo. La segunda resurrección es para ser juzgados en el juicio

---

91   Ibid.
92   La Biblia Reina Valera. 1960.

del trono blanco, y serán todos condenados. Daniel 12:3 dice que los que resucitan en esta resurrección serán grandes personajes y que brillarán y agrega:

"Los entendidos resplandecerán como el resplandor del firmamento; y los que enseñan la justicia a la multitud, como las estrellas a perpetua eternidad".[93]

Aquí se encuentran los grandes hombres como Abraham, Moisés, David, Juan el Bautista, y todos esos grandes héroes de la fe, que menciona Pablo en el capítulo 11 de Hebreos.

Otro grupo que reinará con Cristo en este tiempo son los mártires de la Gran Tribulación que murieron por el testimonio de Cristo y no se pusieron la marca de la bestia. Apocalipsis 20:4 dice:

"Y vi tronos, y se sentaron sobre ellos los que recibieron facultad de juzgar, y vi las almas de los decapitados por causa del testimonio de Jesús y por la palabra de Dios, los que no habían adorado a la bestia ni a su imagen, y que no recibieron la marca en sus frentes ni en sus manos; y vivieron y reinaron con Cristo mil años".[94]

Estos son creyentes, que no se fueron con Cristo en el arrebatamiento, quizás porque no se habían bautizado o no se habían bautizado bien. quizás son personas que eran familiares de los cristianos y no habían aceptado el regalo de la salvación. Pero al verse obligados a tomar una decisión si tomar la marca del 666 o dar su vida por Cristo y por su causa, decidieron morir y no tomaron la marca, y reinaran con Cristo.

El siguiente grupo que vivirá durante el Milenio con Cristo son los que aún estén con vida a la venida del Señor y que entrarán al reino vivos. Entre este

---

93   Ibid.
94   La Biblia Reina Valera. 1960.

grupo están muchos judíos y gentiles que aun estarán con vida en el regreso de Cristo. Apocalipsis 7:2-4 dice: "Vi también a otro ángel que subía de donde sale el sol, y tenía el sello del Dios vivo; y clamó con gran voz a los cuatro ángeles, a quienes se les había dado el poder de hacer daño a la tierra y al mar, diciendo: No hagáis daño a la tierra, ni al mar, ni a los árboles, hasta que hayamos sellado en sus frentes a los siervos de nuestro Dios. Y oí el número de los sellados: ciento cuarenta y cuatro mil sellados de todas tribus de los hijos de Israel".[95]

Estos ciento cuarenta y cuatro mil judíos predicarán el Evangelio del reino, en la segunda parte de la tribulación y estarán con vida al regreso de Cristo, con su Iglesia. Otro grupo que entra al Milenio con vida son las naciones que apoyaron a Israel durante la tribulación, puesto que muchas naciones los van a atacar y a perseguir. Mateo 25:31-40 dice:

"Cuando el hijo del hombre venga en su gloria, y todos los santos ángeles con él, entonces se sentará en su trono de gloria, y serán reunidas delante de Él todas las naciones; y apartará los unos de los otros, como aparta el pastor las ovejas de los cabritos. Y pondrá las ovejas a su derecha, y los cabritos a su izquierda. Entonces el rey dirá a los de su derecha: Venid, benditos de mi padre, heredad el reino preparado para vosotros desde la fundación del mundo. Porque tuve hambre, y me disteis de comer; tuve sed, y me disteis de beber; fui forastero, y me recogisteis; estuve desnudo, y me cubristeis; enfermo, y me visitasteis; en la cárcel, y vinisteis a mí. Entonces los justos le responderán diciendo: Señor, ¿cuándo te vimos hambriento, y te sustentamos, o sediento, y te dimos de beber? ¿Y cuándo te vimos

95   La Biblia Reina Valera. 1960.

forastero, y te recogimos, o desnudo, y te cubrimos? ¿O cuándo te vimos enfermo, o en la cárcel, y vinimos a ti? Respondiendo el Rey, les dirá: De cierto os digo que en cuanto lo hicisteis a uno de éstos mis hermanos más pequeños, a mí me lo hicisteis".[96]

Estas naciones, que son reunidas delante del Cordero, cuando el Hijo del Hombre venga en su gloria, esto es cuando venga a terminar con el reino de la bestia, entonces serán reunidas todas las naciones y los que hicieron bien a Israel o apoyaron a los judíos, que el Señor llama hermanos, durante la tribulación, entrarán al reino, con vida para reinar con los santos.

SERÁ UN TIEMPO QUE HABRÁ CONOCIMIENTO DE DIOS UNIVERSALMENTE

Durante este tiempo habrá conocimiento de Dios universalmente, puesto que Cristo estará presente, y reinando desde el monte de Sión. Isaías 11:9 dice:

"No harán mal, ni dañarán en todo mi santo monte; porque la tierra estará llena del conocimiento de Jehová, como las aguas cubren el mar".[97]

Será un tiempo donde Dios perdonará a Israel, y le dará todas las promesas que hizo a sus padres. Isaías 12:1 refiriéndose a este periodo dice:

"En aquel día dirás: Cantaré a ti, oh, Jehová; pues aunque te enojaste contra mí, tu indignación se apartó y me has consolado".[98]

A pesar de sus faltas el pueblo de Israel es el pueblo de Dios y ha de ser restaurado y aquí expresa

---

96   Ibid.
97   La Biblia Reina Valera. 1960.
98   Ibid.

su canto de agradecimiento a su Salvador. Hay muchas promesas que le serán cumplidas a Israel en este tiempo Malaquías 4:2 dice:

"Mas a vosotros los que teméis mi nombre, nacerá el sol de justicia, y en sus alas traerá salvación; y saldréis, y saltaréis como becerros de la manada".[99]

Será un tiempo de alegría y de gozo, especialmente para Israel que ha pasado por tantas persecuciones, y que en este tiempo será el pueblo que reinará sobre toda la tierra y de él vendrá la ley.

LA NUEVA JERUSALÉN

"Apocalipsis. 21:2: Yo, Juan vi la santa ciudad, la nueva Jerusalén descender del Cielo, de Dios, dispuesta como una esposa ataviada para su marido".[100]

Estamos al final del libro, y el descenso de la nueva Jerusalén es uno de los últimos acontecimientos revelados antes de entrar a la eternidad.

Juan la ve descender del Cielo, parece que viene como volando, como si tuviera motores. Ataviada, adornada bellísima. Esta ciudad desciende a la nueva tierra después que Dios crea cielos y tierra nuevos. Desciende del Cielo de Dios, el Cielo de Dios debe de ser:

El Tercer Cielo. Muy poco se ha revelado del Tercer Cielo, y está fuera del alcance del ser humano. Los únicos que hablan un poco del Tercer Cielo son Pablo y el apóstol Juan, pero el hombre con su tecnología no lo ha descubierto. Jesucristo en Juan 14:2 dijo:

"En la casa de mi Padre muchas moradas hay; si así no fuera, yo os lo hubiera dicho; voy pues a preparar

---

99   La Biblia Reina Valera. 1960.
100   La Biblia Reina Valera. 1960.

lugar para vosotros".[101]

Y Pablo en 2 de Corintios 12:2,4 dice:

"Conozco a un hombre en Cristo, que hace catorce años (si en el cuerpo, no lo sé; si fuera del cuerpo, no lo sé; Dios lo sabe) fue arrebatado hasta el tercer Cielo. Donde oyó palabras inefables que no le es dado al hombre expresar".[102]

En el Segundo Cielo, hay miles de galaxias que están más allá de nuestro sistema planetario solar. Hay galaxias que están a millones de años luz. La velocidad de la luz es aproximadamente 150,000 millas por segundo. Para que el hombre pudiera llegar a esas galaxias del Segundo Cielo, y pudiera viajar a la velocidad de la luz le tomaría, cientos y millones de años. El hombre nunca podría llegar al Segundo Cielo, pero lo ha descubierto y lo puede observar y medir con su tecnología.

En el Segundo Cielo mora Satanás y sus ángeles caídos, los cuales trataran de evitar que la iglesia, llegue al Cielo. Pues la iglesia al ser arrebatada y en su viaje al tercer cielo tiene que pasar por ese territorio hostil donde reina satanás. Pero Miguel y sus ángeles lucharán contra él y lo vencerán. Apocalipsis 12:7-9 dice:

"Después hubo una gran batalla en el Cielo: Miguel y sus ángeles luchaban contra el dragón; y luchaban el dragón y sus ángeles. Pero no prevalecieron, ni se halló ya lugar para ellos en el Cielo. Y fue lanzado fuera el gran dragón, la serpiente Antigua, que se llama diablo y Satanás".[103]

Esta batalla toma lugar en el Segundo Cielo. Y satanás lucha contra Miguel y sus ángeles.

El Primer Cielo es nuestro Sistema planetario solar

---

101 Ibid.
102 La Biblia Reina Valera. 1960.
103 Ibid.

que cuenta con ocho planetas y por 76 años se creyó que había nueve, con su sol. Ése es el Cielo donde el hombre vive y Dios le ha dado para que explore, juegue y se divierta. Pero nunca podrá llegar más allá del primer Cielo.

2. LOS MATERIALES DE LOS QUE ESTÁ CONSTRUIDA

Juan ve descender la ciudad desde un monte grande y alto y un ángel lo lleva a ese monte. Apocalipsis 21:9 dice:

"Vino entonces a mí uno de los siete ángeles que tenían las siete copas llenas de las siete plagas postreras y habló conmigo diciendo: Ven acá, yo te mostraré a la desposada, la esposa del Cordero. Y me llevó en el Espíritu a un monte grande y alto, y me mostró la gran ciudad santa de Jerusalén, que descendía del Cielo de Dios".

El ángel lleva a Juan en el espíritu, para mostrarle este acontecimiento que será en el futuro después del milenio, cuando Dios habrá creado cielos y tierra nuevos. Y será hasta entonces cuando los grandes hombres de Dios del Antiguo testamento conozcan esta ciudad.

A pesar de que algunos la habían visto en visión y por revelación de Dios como Abraham, Pablo dice en Hebreos 11:10:

"Porque esperaba la ciudad que tiene fundamentos, cuyo arquitecto y constructor es Dios".[104]

Ciudad de oro puro. Apocalipsis 21:18 dice:

"El material de su muro era de jaspe; pero la ciudad

---

104   La Biblia Reina Valera. 1960.

era de oro puro semejante al vidrio limpio".[105] Juan trata de describir esta ciudad de acuerdo con lo que el conocía, dice que es de oro puro, semejante al vidrio limpio. Quiere decir que es una clase de oro superior al que conocemos. Y hecha por el arquitecto del universo que es el mismo Dios. Apocalipsis 21:11 dice: "Tiene la gloria de Dios, y su fulgor es semejante al de una piedra preciosísima, como piedra de jaspe, diáfana como el cristal".

A pesar de ser una ciudad de oro es diáfana como el cristal, quiere decir que permite el paso de la luz produciendo un brillo que es imposible describir.

Juan, cuando la ve, dice que parece un diamante que viene descendiendo a la tierra. Él trata de describir su gloria, su brillo y su majestad. Pero la mente humana no alcanza a asimilar la gloria de esta ciudad que será nuestra morada.

3. SU MURO

Las ciudades en la antigüedad necesitaban tener un muro para protegerse de los invasores. La nueva Jerusalén tendrá un muro y quizás solo sea una protección simbólica contra todas las asechanzas. Pero su muro es hermoso y glorioso. Este muro está hecho y adornado con las piedras preciosas más brillantes y bellas.

Este muro probablemente represente la protección de Dios a su pueblo a través de los tiempos. Parece que la combinación de todas estas piedras se mezcla y lo vuelven invisible. Como la protección de Dios que a pesar de que no vemos está ahí, y ha estado ahí.

105 Ibid.

Apocalipsis 21:12 dice:

"Tenía un muro grande y alto con doce puertas; y en las puertas, doce ángeles, y nombres escritos, que son los de las doce tribus de los hijos de Israel".

Esta es la descripción del muro que ha de proteger a la ciudad, a pesar de que esta ciudad no necesita ninguna protección. Sus doce cimientos don de piedras preciosas. Apocalipsis 21:19 dice:

"El primer cimiento era jaspe, el segundo zafiro; el tercero, ágata; el cuarto, esmeralda; el quinto, ónix; el sexto, cornalina; el séptimo, crisolito; el octavo, berilo; el noveno, topacio; el décimo crisoprasa; el undécimo, jacinto; el duodécimo, amatista".[106]

Este muro está construido y adornado con estas piedras preciosas que son las más finas y hermosas. Los metales y piedras preciosas más finas y hermosas serán para adornar la ciudad y el muro en el que hemos de vivir eternamente. Sus puertas son de perla y la calle de la ciudad era de oro, transparente como vidrio. Apocalipsis 21:21 dice:

"Las doce puertas eran doce perlas; cada una de las puertas era una perla. Y la calle de la ciudad era de oro puro, transparente como vidrio".

Esta es nuestra ciudad construida por el único arquitecto que es capaz de planear, diseñar y construir una ciudad de tal magnitud.

4. LAS MEDIDAS DE LA CIUDAD

Las medidas de esta ciudad también son increíbles, Apocalipsis 21:16 dice:

"La ciudad se encuentra establecida en cuadro, y su longitud es igual a su anchura; y él midió la ciudad

---

106   La Biblia Reina Valera. 1960.

con la caña: doce mil estadios; la longitud, la altura y la anchura de ella son iguales".[107] Apocalipsis 21:16 La ciudad se encuentra establecida en cuadro, y su longitud es igual que su anchura, y él midió la ciudad. Doce mil estadios, la longitud, la altura y la anchura de ella son iguales.[108] Esta ciudad es una ciudad demasiado grande para poder ser diseñada por un arquitecto humano y solamente la sabiduría y creatividad de Dios puede pensar en una ciudad como ésta.

Es una ciudad cúbica, que mide doce mil estadios, que equivale aproximadamente a 1500 millas de largo, 1500 millas de ancho, y 1500 millas de alto. ¿Qué ciudad en la tierra puede tener tales dimensiones?

Un estadio según algunos diccionarios es igual a 185 metros. Si multiplicamos 12,000 por 185 nos da 2,220 kilómetros que son aproximadamente 1500 millas. En inglés se usan furlongs y 12,00 furlongs serían 1500 millas. Otras fuentes dan 1,378 millas que serían 2,218 kilómetros. Pero cualquier medida es asombrosa, si son 1,500 millas, es una ciudad grandísima.

Si multiplicamos 1500 millas de largo por 1500 millas de ancho serían 2,250,000 mansiones de una milla cuadrada. Pero tenemos que agregarle otras 1500 millas de altura que nos daría 33,750,000,000. Nuestra capacidad mental no alcanza a vislumbrar el tamaño y la gloria de esta ciudad. Nos tocarían mansiones, de muchas millas cúbicas de oro de faz adornadas con las gemas más hermosas, caras y brillantes.

Pero esta ciudad, no es para cada ser humano, esta ciudad es para los que formamos parte de la Iglesia.

---

107   La Biblia Reina Valera. 1960.
108   Ibid.

CONCLUSIÓN

Es casi imposible describir toda la gloria de esta ciudad y muy pocos teólogos han hecho un estudio profundo acerca de ella. Son muy pocos los teólogos que la mencionan y sólo hacen un estudio superficial de ella. Muchos pastores no dan una enseñanza, ni entran en un estudio profundo de ella. La razón es que esta ciudad traspasa la cienciaficción y para hacer un estudio serio acerca de ella necesitamos creer en ella.

Jesús dijo en Juan 14;2: "En la casa de mi padre muchas moradas hay. La palabra morada es mansión. En el Tercer Cielo a donde vamos a ser arrebatados hay muchas mansiones. De esta ciudad solamente se habla y se describe al final de lo que Dios quiere revelar porque nuestra limitación humana, no alcanza a comprender la mente de Dios.

Pero algunos de los grandes hombres de Dios la habían visto en visión y a pesar de ello la Iglesia que nace en el nuevo testamento, es la primera que la va a conocer. Cuando baja a la nueva tierra es para que también los grandes hombres de Dios, que no son parte de la iglesia, la conozcan y la disfruten y participen de su gloria.

Esta ciudad es para los que venzan. Vencer significa tomar parte del arrebatamiento. Porque fuimos bautizados en el nombre de Jesús. También significa ser fieles hasta el final. Apocalipsis 3:12 dice:

"Al que venciere, yo lo haré columna en el templo de mi Dios, y nunca más saldrá de allí; y escribiré sobre el nombre de mi Dios, y el nombre de la ciudad de mi Dios, la nueva Jerusalén, la cual desciende del Cielo. De mi Dios, y mi nombre nuevo".

Grandes promesas hay para los vencedores, por lo tanto, hay que luchar para llegar a nuestro hogar: la nueva Jerusalén.

EL JUICIO DEL TRONO BLANCO

Apocalipsis 20:11-15: "Y vi un gran trono blanco y al que estaba sentado en él, delante del cual huyeron la tierra y el cielo, y ningún lugar se encontró para ellos".

INTRODUCCIÓN

El juicio del trono blanco es después del Milenio, y sucede antes de que el Señor haya creado Cielos y tierra nuevos. Pasa cuando se acaban los cielos y la tierra, antes de que el Señor haya creado los cielos y la tierra nuevos. Al final del reino milenial de Cristo, Satanás será suelto por un poco de tiempo, para probar a los que hayan nacido durante el Milenio, y Satanás los volverá a engañar.Apocalipsis 20:7-8 dice:

"Cuando los mil años se cumplan, Satanás será suelto de su prisión, y saldrá a engañar a las naciones que están en los cuatro ángulos de la tierra, a Gog y a Magog, a fin de reunirlos para la batalla; el número de los cuales es como la arena del mar".[109]

En este juicio aparecen todos los pecadores, desde el primer pecador que no haya sido salvo, que

---

109   La Biblia Reina Valera. 1960.

probablemente sea Caín, hasta el último. Durante el Milenio habrán nacido muchas personas que tuvieron que servir a Dios por obligación, o por ser obligados. Apocalipsis 2:27 dice:

"Y las regirá con vara de hierro".

Pero al final del Reino Milenial de Cristo, Satanás es soltado para probar a todos aquellos que tuvieron que servir solo por haber sido obligados. Y vuelve a ocurrir una rebelión al final del Milenio. Todos tenemos que ser probados de muchas maneras, y el diablo es soltado por un poco de tiempo para probar a los que nacieron durante el Milenio y muchos de ellos se rebelan contra Dios y atacan a los santos y a la ciudad amada.

LA ÚLTIMA REBELIÓN

Esta será la última rebelión, antes de entrar a la eternidad. Satanás volverá a engañar a la humanidad y querrán atacar a los santos y a la ciudad amada que es Jerusalén. Y entonces, de Dios sale fuego que consume a los atacantes junto con los cielos y la tierra. Apocalipsis 20:9 dice:

"Y subieron sobre la anchura de la tierra, y rodearon el campamento de los santos y la ciudad amada; y de Dios descendió fuego del cielo, y los consumió".[110]

Después de ser consumidos los cielos y la tierra, Satanás es lanzado definitivamente al lago de fuego pues solamente había sido atado por mil años. Apocalipsis 20:2 dice:

"Y prendió al dragón, la serpiente Antigua, que es el diablo y Satanás, y lo ató por mil años".[111]

Esta será la última vez que Satanás engañe a la

---

110   La Biblia Reina Valera. 1960.
111   La Biblia Reina Valera. 1960.

humanidad, porque después de esta rebelión viene el juicio de Dios sobre él y es lanzado al lago de fuego para siempre. Apocalipsis 20:10 dice:

"Y el diablo que los engañaba fue lanzado en el lago de fuego y azufre, donde estaban la bestia y el falso profeta; y serán atormentados día y noche por los siglos de los siglos".[112]

El juicio del trono blanco es para juzgar a los seres humanos, que nunca tuvieron tiempo para Dios, de los cuales muchos de ellos fueron enemigos de Dios y de su pueblo. Pero antes del juicio de los seres humanos sucede el juicio de Satanás y de la bestia y el falso profeta y demás ángeles y demonios de Satanás.

Satanás fue un querubín que servía a Dios con su alabanza, pero se reveló contra Dios y su plan, y quiso ser más grande que Dios. Ezequiel 28:15 refiriéndose a Lucifer dice:

"Perfecto eras en todos tus caminos desde el día que fuiste creado, hasta el día que se halló en ti maldad".[113]

Se enalteció Satanás, y quiso ser más grande que Dios y engañó a muchos ángeles para que se unieran a él y a su plan de rebelión. Ezequiel 28:16 hablando de sus métodos para convencer a muchos ángeles que se unieran a él dice:

"A causa de la multitud de tus contrataciones fuiste lleno de iniquidad, y pecaste; por lo que yo te eché del monte de Dios, y te arrojé de entre las piedras del fuego, ¡oh querubín protector!".[114]

La palabra contrataciones, tiene un significado de negociar y convencer, incitar a muchos ángeles que se le unieran contra el plan de Dios. Pero aquí vemos su

---

112 Ibid.
113 Ibid.
114 La Biblia Reina Valera. 1960.

fin y su juicio que será ser lanzado al lago de fuego, y ser atormentado por toda la eternidad.

LOS MUERTOS GRANDES Y PEQUEÑOS

Apocalipsis 20:12 dice:

"Y vi a los muertos grandes y pequeños de pie ante Dios; y los libros fueron abiertos, y otro libro fue abierto, el cual es el libro de la vida; y fueron juzgados los muertos por las cosas que estaban escritas en los libros, según sus obras".[115]

Un libro es en el cual están registradas todas las obras de cada ser humano; todos sus pecados; todos sus malos pensamientos. También todas sus buenas obras, pues en nuestra mente están registradas todas las cosas que hemos hecho. El Libro de la Vida es donde se escribe nuestro nombre al recibir el regalo de la salvación y ser bautizados.

Cuando somos bautizados recibimos el regalo de la salvación, y nuestros nombres son inscritos en el Libro de la Vida y todos nuestros pecados son perdonados. Pablo habló de algunos de sus colaboradores que están inscritos en el Libro de la Vida. En Filipenses 4:3 dice:

"Así mismo te ruego también a ti, compañero fiel, que ayudes a éstos que combatieron juntamente conmigo en el Evangelio, con Clemente también y los demás colaboradores míos, cuyos nombres están en el Libro de la Vida".[116]

En cada dispensación ha habido una oportunidad para el ser humano de ser salvo por gracia, ahora somos salvos al ser bautizados en el nombre de Jesús.

Los Muertos grandes y pequeños que aparecen

---

115 Ibid.
116 La Biblia Reina Valera. 1960.

ante el trono blanco, serán juzgados de acuerdo con sus obras. Aquí aparecen reyes, faraones, presidentes, políticos, millonarios, grandes generales, gobernadores. Estos son los grandes. Los pequeños de igual manera son personas que fueron pobres y no tuvieron poder, pero nunca aceptaron el regalo de la salvación. Hay pobres que rechazan completamente a Dios y a su plan de salvación.

LA MUERTE Y EL HADES ENTREGARON A LOS MUERTOS

En este tiempo el mar y el Hades entregan a los muertos porque todo ha desaparecido. Se acabaron los cielos y la tierra. No hay donde ocultarse y se presentan delante de Dios para ser juzgados según sus obras. Apocalipsis 20:13 dice:

"Y el mar entregó los muertos que había en él; y la Muerte y el Hades entregaron los muertos que había en ellos; y fueron juzgados cada uno según sus obras".

Aquí aparecen todos los muertos que nunca fueron salvos, el mar y el hades entregan los muertos. En el Hades están los muertos que no fueron salvos y están esperando el tiempo que han de ser juzgados. Serán juzgados según sus obras, esto quiere decir que no todos estos muertos tienen el mismo castigo. Pues hay pecadores a quienes les espera un castigo mucho más grande que a otros. Hay pecadores que recibirán un castigo menor porque nunca aceptaron la salvación; porque todos somos pecadores. Romanos 3:23 dice:

"Por cuanto todos pecaron, y están destituidos de la gloria de Dios".[117]

La salvación es un regalo de Dios, pero debemos

117 La Biblia Reina Valera. 1960.

recibirlo y aceptarlo, de otra manera estamos perdidos, y los que no reciben este regalo serán lanzados al lago de fuego.

Los grandes asesinos de la guerra los adoradores de Satanás, los que se han complacido haciendo el mal y causando sufrimiento, recibirán un mayor castigo según sus obras. También el mar entrega los muertos, el mar tipifica la humanidad, pero puede también referirse a los que murieron en el mar. Pero aquí aparecen todas las personas que vivieron en diferentes épocas y que no aceptaron la salvación.

Dios es justo y se les dará el castigo de acuerdo con sus obras, el que tiene más pecados recibirá un mayor castigo.

LA MUERTE SEGUNDA

Apocalipsis 20:14 dice:

"Y la muerte y el Hades, fueron lanzados al lago de fuego. Ésta es la Muerte Segunda".

Éste es el castigo final, y es el destino de todos los que se rebelaron contra Dios, Dios nos creó con un libre albedrío. Nos da la capacidad de escoger lo bueno o lo malo. También había planeado el plan de redención desde el principio del mundo. Apocalipsis 13:8 dice:

"Y la adoraron todos los moradores de la tierra cuyos nombres no estaban escritos en el Libro de la Vida del Cordero que fue inmolado desde el principio del mundo".[118]

En esta escritura se nos revela que el Cordero había sido inmolado desde antes de la fundación del mundo. Quiere decir que aun antes de la creación de la humanidad Dios ya había ideado el plan de redención.

118 La Biblia Reina Valera. 1960.

También se nos dice en esta escritura que muchos adoran a la bestia y rechazan a Dios.

Todos tenemos la capacidad de escoger y Dios ha provisto la forma de ser perdonado en todas las dispensaciones. Se nos ha dado la oportunidad de escoger hacer el bien, y buscar y reconocer a Dios. Pero no se nos obliga, y nosotros decidimos, si aceptamos o rechazamos a Dios y su plan.

Muerte es separación, la Muerte Segunda es la separación final, los que se encuentran en este juicio, serán separados de Dios y de los que aceptaron a Dios. Ésta es la separación final los que son lanzados al lago de fuego, son lanzados junto con la Muerte y el Hades. Aquí está también el diablo y la bestia, el falso profeta. Aquí estarán todos los demonios que decidieron unirse a Lucifer en su rebelión.

En este grupo estarán también las personas más malvadas de la historia del mundo. Personas que se deleitaban haciendo el mal y causando sufrimiento. Personas que ocasionaron guerras y, por sus decisiones, causaron la muerte de millones.

EL LAGO DE FUEGO

El lago de fuego y azufre es un lugar de castigo, fue creado para el diablo y sus ángeles. Mateo 25:41 dice:

"Entonces dirá también a los de la izquierda: Apartaos de mí, malditos, al fuego eterno preparado para el diablo y sus ángeles".

El lago de fuego es un lugar terrible. Es un lugar de castigo, para el diablo y sus ángeles; pero también irán ahí los que rechazan a Dios y desprecian su sacrificio en la cruz. Apocalipsis 20:10 dice:

"Y el diablo que los engañaba fue lanzado en el lago de fuego y azufre, donde estaban la bestia y el falso profeta; y serán atormentados día y noche por los siglos de los siglos.

El lago de fuego es un lugar terrible y será la morada de los que se atrevieron a revelarse contra Dios. Arde con fuego y azufre y dice que el diablo y la bestia y el falso profeta serán atormentados por los siglos de los siglos.

Este sufrimiento será eterno y toda persona sabia y en uso de su razón debe hacer lo posible por evitar ir a ese lugar. También es un castigo eterno, los sufrimientos en el cuerpo terminan con la muerte. Pero en el lago de fuego el sufrimiento es eterno. Éste es el lugar donde irá Satanás, pues él arrastró consigo a muchos ángeles causando una gran rebelión. También quiso derribar a Dios y ser como Dios. Isaías 14:12-14 dice:

"Como caíste del cielo, ¡oh, Lucero, hijo de la mañana! Cortado fuiste por tierra, tú que debilitabas a las naciones; tú que decías en tu corazón: Subiré al cielo y en lo alto, junto a las estrellas de Dios, levantaré mi trono, y en el monte del testimonio me sentaré, a los lados del norte; sobre las alturas de las nubes subiré, y seré semejante al Altísimo".[119]

Muy claro se revela su propósito. Quería ser semejante al Altísimo y su rebelión ocasionó que se derramase mucha sangre, y que hubiera tanto sufrimiento. Por lo tanto, su castigo será en el lago de fuego.

---

119 La Biblia Reina Valera. 1960.

CONCLUSIÓN

Dios nos ha revelado las cosas que han de acontecer y cuál será el destino de los que rechazan su plan y no reciben la salvación en esta vida. En este grupo quizás estén algunos de nuestros seres amados. Es una oportunidad para que nosotros que sabemos estas cosas nos esforcemos en trabajar con pasión en su obra y podamos hacer salvos los más que podamos.

Jesucristo les habla a sus apóstoles en Juan 4:35 y dice:

"Alzad vuestros ojos y mirad los campos, porque ya están blancos para la siega".

.

www.ingramcontent.com/pod-product-compliance
Lightning Source LLC
Chambersburg PA
CBHW051233120626
46547CB00013B/1619

9798896763833